基于“丝绸之路经济带”的陕西省信息服务业商业模式创新研究

尹丽英　著

西安邮电大学学术专著出版基金
陕西省哲学社会科学规划基金　资助出版

科学出版社
北京

内 容 简 介

本书基于陕西省信息服务业发展的现状和特征，针对“丝绸之路经济带”背景下产生的新问题，在系统总结并评价信息服务业发展相关理论、合理借鉴国内外信息服务业发展经验的基础上，融合管理学、经济学、系统学、生态学等学科理论，构建了陕西省信息服务生态系统研究体系，探索了推进陕西省区域信息服务生态系统优化的途径，提出了在全球化、信息化、市场化及“丝绸之路经济带”背景下的陕西省信息服务业商业模式创新对策，并提出“丝绸之路经济带”背景下陕西省互联互通的区域合作模式。本书强调理论与实践相结合，突出全面性和实用性，对推进陕西省信息服务业健康持续发展具有重要的指导意义。

本书既可为“丝绸之路经济带”建设及相关政府部门推进信息服务业商业模式创新、制定“丝绸之路经济带”互联互通的相关政策提供借鉴，也可为相关行业科研人员、相关企业和从业人员更深层次认知“丝绸之路经济带”及信息服务业商业模式创新的理论和实践提供参考。

图书在版编目(CIP)数据

基于“丝绸之路经济带”的陕西省信息服务业商业模式创新研究/尹丽英著. —北京：科学出版社，2018

ISBN 978-7-03-055659-2

Ⅰ. ①基… Ⅱ. ①尹… Ⅲ. ①信息服务业-商业模式-研究-陕西 Ⅳ. ①F492

中国版本图书馆 CIP 数据核字（2017）第 290713 号

责任编辑：张振华 / 责任校对：刘玉靖

责任印制：吕春珉 / 封面设计：东方人华平面设计部

科学出版社 出版

北京东黄城根北街 16 号

邮政编码：100717

http://www.sciencep.com

北京虎彩文化传播有限公司 印刷

科学出版社发行 各地新华书店经销

*

2018 年 3 月第 一 版 开本：787×1092 1/16

2018 年 6 月第二次印刷 印张：10 1/2

字数：230 000

定价：68.00 元

（如有印装质量问题，我社负责调换〈虎彩〉）

销售部电话 010-62136230 编辑部电话 010-62135120-2005

前言

党的十八届三中全会审议通过的《中共中央关于全面深化改革若干重大问题的决定》提出，加快同周边国家和区域基础设施互联互通建设，推进“一带一路”建设，形成全方位对外开放新格局。“丝绸之路经济带”建设对于促进国家“西部大开发”“中部崛起”“关中—天水经济区”等战略实施，实现“反贫困，促和谐，保畅通，求稳定，谋发展”，缩小东西部经济差距，促进经济协调发展，维护世界和平安定团结具有重要作用。总之，激活“丝绸之路经济带”对整个亚欧大陆具有重大现实意义。

信息服务业以其对社会生产的巨大带动作用、与其他产业的高度关联性等特征，成为信息产业中增值效益最大的产业，伴随着国际互联网和移动通信网的发展，全球一体化的信息高速公路的连接，先进丰富的通信应用终端的出现，行业融合趋势的增强，信息服务业得到迅猛发展。商业模式创新是战略新兴产业发展的关键驱动力，后金融危机时代，世界主要发达国家和地区都加快了对新兴技术和新兴产业发展的战略布局。新兴产业通常建立在颠覆性技术基础之上，会导致传统产业的产业链重构，甚至会使某些产业出现“创造性的毁灭”，随着新技术的商品化和新产品的产业化，新的商业模式也将随之不断产生。

陕西西安作为丝绸之路的起点和文化中心，具有不可替代的历史与文化地位。目前，信息服务业已成为推动陕西经济快速发展的主要动力之一，但我们也应清醒地认识到陕西省信息服务业发展面临着诸多挑战。这主要表现在四个方面：一是产业发展和政策制定方面缺乏总体规划和统一部署，产业生态不完善，信息化与工业化的融合程度不够，发展定位不清晰，制约了陕西省信息服务业发展及对周边产业的带动作用；二是我国在信息内容服务方面存在巨大的贸易逆差，信息内容服务比较贫乏，我国悠久的历史文化未能形成优势并通过网络更广泛地传播；三是社会信息资源开发不充分，企业规模普遍较小，核心竞争力较弱；四是信息技术应用领域不够宽，人才吸引、培养、使用的机制，特别是人才的生活、职业发展的机制和环境还不能满足信息服务业快速发展的需要。所有这些都亟须我们从理论上进行探讨。

全书分为发展篇和创新篇，共 8 章，主要研究内容如下。

第 1 章：绪论。该章指出课题研究背景及研究意义、研究方法及研究思路。

第 2 章：相关理论基础。该章首先界定信息服务业的概念和范围、信息服务业的分类及其在国民经济中的地位与作用，然后介绍增长极理论、商业模式创新理论及信息服务生态系统理论。

第 3 章：“丝绸之路经济带”背景下陕西省信息服务业发展现状。该章结合我国信息服务业的发展新常态及陕西省信息服务业发展历史沿革，运用 SWOT 分析法对陕西省信息服务业现状进行分析，指出发展思路和发展对策。

第 4 章：陕西省信息服务业对“丝绸之路经济带”的支撑。该章首先分析了陕西省信息化基础对“丝绸之路经济带”的支撑，然后对智库网络与协同创新平台、“数字陕西·智慧城市”、西咸新区大数据中心及安全科技对“丝绸之路经济带”的支撑作用进行分析。

第 5 章：“丝绸之路经济带”背景下陕西省信息服务业生态系统研究。该章首先分析了陕西省信息服务业生态系统构成要素，基于此构建了区域信息服务生态系统结构模型，并提出优化途径。

第 6 章：“丝绸之路经济带”背景下陕西省信息服务业商业模式创新研究。该章分析“丝绸之路经济带”背景下陕西省信息服务业的商业模式创新机理，并基于信息技术、价值网络、合作共赢提出商业模式创新路径。

第 7 章：“丝绸之路经济带”背景下陕西省互联互通的区域合作模式与路径研究。该章运用东方和而不同的哲学思想提出了“丝绸之路经济带”合作模式，进一步提出了陕西省互联互通的发展路径。

第 8 章：结语。

本书是陕西省哲学社会科学基金项目（项目编号：13SC004）的研究成果。西安电子科技大学赵捧未教授对本书进行了技术指导，魏明老师多次指导本书的撰写思路、方法及框架，张超老师对案例及框架提出了很好的修改建议。王超、王杏、乔泷楠等研究生参与了本书的数据调研及资料整理工作。感谢项目团队的每一位老师和同学，书中饱含了他们的辛勤的劳动，他们的付出也得到了陕西省哲学社会科学基金的认可，项目结题评价为优秀。作者由衷地为项目团队感到自豪。

本书的出版，凝聚了大量人员的努力和心血。在此，作者再次感谢团队的每一位成员，同时感谢陕西省信息化工程研究院、陕西省科技信息研究所、西安电子科技大学、陕西（高校）哲学社会科学重点研究基地——陕西信息资源研究中心等单位对调研工作给予的大力支持。

此外，本书最终能够顺利出版与科学出版社的大力支持以及编辑认真细致的工作密不可分。在此，作者对有关工作人员付出的努力和智慧表示最诚挚的感谢。

由于作者水平有限，加之撰稿时间紧迫，书中不足之处在所难免，期望得到学术界与业界的批评与指正，如有反馈请发到电子邮箱：yin-liying@163.com。

尹丽英
2017 年 6 月

目　　录

发　展　篇

创　新　篇

发　展　篇

第1章 1 绪　论

1.1 “丝绸之路经济带”概念的内涵

自 2000 多年前张骞出使西域，丝绸之路曾是东起长安、西达罗马的连接中国和欧洲贸易的交通要道。“丝绸之路”一词，由 19 世纪 70 年代普鲁士地理学家费迪南·冯·李希霍芬（Ferdinand von Richthofen）在《中国——亲身旅行和据此所做研究的成果》一书中首次提出，经过百余年系统性研究，如今学术界认为丝绸之路不单纯是地理学上的交通路线，而且是一直发挥着“中西文化交流的大动脉”“人类文明运河”作用的、具有历史人文区域独特性的“文化系统”。

学界一般从广义和狭义两个层面来理解丝绸之路。狭义的丝绸之路一般指中国古代经中亚通往南亚、西亚以及欧洲、北非的陆上贸易通道，因中国丝和丝织品多经此路西运，故称“丝绸之路”，简称丝路[1]。广义的丝绸之路，在路径上不仅包括传统的陆路丝绸之路，还包括海上丝绸之路，并且陆路、海路的路径有多条，呈现“多条路径”的特点。如《辞海》解释“丝绸之路”为“古代横贯亚洲的交通道路，亦称丝路……约自公元前第二世纪以后千余年间，大量的中国丝和丝织品皆经此路西运，故称丝绸之路。……丝绸之路的支线……亦有取道海上者，或自中国南部直接西航，或经由滇、缅信道再自今缅甸南部利用海道西运，或经由中亚转达印度半岛各港再由海道西运”[2]。

文献[3]指出了“丝绸之路经济带”的静态内涵和动态内涵。

（1）静态内涵。根据传统观点，“丝绸之路经济带”是以丝绸之路综合交通通道为展开空间，以沿线交通基础设施和中心城市为依托，以域内贸易和生产要素自由流动优化配置为动力，以区域经济一体化安排为手段，以实现快速增长和关联带动作用为目的的中国—中亚跨国带状经济合作区[4]。根据习近平主席 2013 年 9 月 7 日在哈萨克斯坦纳扎尔巴耶夫大学的演讲内容，“丝绸之路经济带”是在古丝绸之路基础上形成的一个新的经济发展区域，东连亚太经济圈，西接发达的欧洲经济圈，具体地说就是连接我国太平洋沿岸的珠三角、长三角和环渤海经济圈，途经哈萨克斯坦、俄罗斯等上海合作组织主要成员国，抵达波罗的海、地中海、大西洋和印度洋沿岸，有效辐射东亚、中亚、南亚、西亚、欧洲以及北非区域，涵盖 40 多个国家 30 亿人口，横跨亚欧大陆的世界上最长、最具发展潜力的经济大走廊；也是通过现代信息网络和现代化的综合交通通道将丝绸之路沿线国家紧密联系起来，持续推进政策沟通、道路联通、贸易畅通、货币流通和民心相通（简称“五通”），实现各国平等互利、共赢发展的一个新经济合作发展区域。

（2）动态内涵。“丝绸之路经济带”不仅具有静态含义，而且具有动态含义，共建“丝绸之路经济带”可发挥其辐射引领作用。

首先，通过我国同中亚等特定区域的经贸合作来带动政治、社会、文化和反恐等领域的合作与发展，进而增强我国的影响力。建设“丝绸之路经济带”，经济建设是首位的。由于这一区域地处内陆，经济发展相对滞后，是“经济凹陷带”；我国与中亚各国的经济结构、经济总量存在一定差别，但互补性非常明显；大部分中亚国家以资源性产品为主，缺少各种工业制成品的生产能力；我国存在着日益增长的资源需求，双方在资源方面的合作前景非常广阔；保证中亚的稳定有赖于有关国家在形成共识的基础上，不断推进全方位的合作，有赖于有关国家在关系到彼此核心利益的问题上相互协助，有赖于有关国家在出现分歧和问题时积极寻找解决之道。因此，中国和有关国家可以通过实现经济合作与繁荣，带动多领域的合作与发展。

其次，进一步推动我国西部地区的跨越式发展和长治久安。党的十九大报告提出要“创新对外投资方式，促进国际产能合作，形成面向全球的贸易、投融资、生产、服务网络，加快培育国际经济合作和竞争新优势”。在新阶段，我国应积极寻求开放型经济发展的新路径、培育开放型经济发展的新优势，从而在复杂多变的国际形势下巩固和扩大市场份额，提升国际竞争力和可持续发展能力。建设“丝绸之路经济带”并发挥其辐射引领作用，可以在继续发挥改革开放传统优势的基础上，培育西部地区开放型经济发展的新优势，更好地带动西部地区的跨越式发展、社会稳定和长治久安。

建设“丝绸之路经济带”是全球经济一体化进程中的大事件，将对全球经济、政治生活产生重要影响，对我国特别是西部地区的发展带来历史性机遇。在当前“丝绸之路经济带”含义尚无明确界定的情况下，应对其内涵加以挖掘和拓展，这成为建设“丝绸之路经济带”的前提。

总之，“丝绸之路经济带”不同于传统的区域经济合作模式，是一种复合的、共赢的、开放的合作与交流方式，沿线各国可以发挥地缘优势开辟一条不同发展水平、不同文化传统、不同资源禀赋、不同社会制度国家间平等合作、共享发展成果的有效途径。在全球经济整体低迷、贸易保护主义再度抬头的背景之下，建设“丝绸之路经济带”将提供一种全新的合作理念与模式，改变过去的区域合作模式，不是通过建立超国家的机构和约束机制而是在尊重各国利益的基础上寻求一种自下而上、自然而然的融合与互动。它可以使世界经济格局更趋合理，保证区域内各国的经济安全。“丝绸之路经济带”建设，以经济合作带动政治、文化交流，同时又以稳定的国家关系、安全上的相互信任促进经济的共同繁荣与进步。

1.2 研究背景

1.2.1 国际背景

1. 上海合作组织的合作成果

目前，亚欧大陆上已经建立了一系列多边经济合作机制（如上海合作组织、欧亚经济共同体、俄白哈关税同盟、中西亚经济合作组织等），但都遇到了投资和交通等方面的瓶颈。国际金融危机的爆发使世界各国意识到只有加强区域合作才能有效抵御风险，对经济合作的需求空前迫切。

2013 年 9 月 13 日，在上海合作组织成员国元首理事会第十三次会议上，习近平主席提出五项建议：一是开辟交通和物流大通道，通畅从波罗的海到太平洋、从中亚到印度洋和波斯湾的交通运输走廊；二是商谈贸易和投资便利化协定；三是加强金融领域合作，推动建立上海合作组织开发银行，尽快设立上海合作组织专门账户，用好上海合作组织银行联合体这一机制；四是成立能源俱乐部；五是建立粮食安全合作机制。建设“丝绸之路经济带”，要以建立中国—中亚自由贸易区和区域经济一体化为目标，充分发挥上海合作组织的平台作用，同时注重发挥中亚各种区域合作组织的作用（诸如独立国家联合体、欧亚经济共同体和欧亚运输走廊等），形成合力。

2013 年，中国与中亚国家关系全面提升至战略伙伴关系，双方经贸合作规模增长迅速，中国成为中亚国家的主要贸易伙伴。除双边层面外，在多边合作领域，上海合作组织的成立，使中国与中亚国家在安全和经济合作领域有了相对完备的合作机制，未来亦可成为“丝绸之路经济带”的合作平台。尽管“丝绸之路经济带”范围广阔，涉及众多国家和地区，但由于中亚是中国向西开放的第一站，对于建设“丝绸之路经济带”具有基础性和示范效应，理应成为“丝绸之路经济带”的重要板块和核心地带。

2. 中亚地缘战略的影响

中亚因为处于亚欧大陆的中央，对丝绸之路的复兴意义重大。中亚地区应是现阶段建设“丝绸之路经济带”的重点地区。中亚地处亚欧大陆的中心地带，地缘战略重要性突出，其独特的地理位置和丰富的资源使其成为大国力量和各种政治势力争夺的热点。多年前，英国地缘政治专家麦金利（Mckinley）就曾预言包括中亚在内的亚欧大陆的腹地是全球战略竞争的决胜点。无论从地缘和安全角度还是从资源和文化角度来说，中亚地区对中国都极其重要。

20 世纪 90 年代，随着中亚国家的独立，中国开始积极推动第二条亚欧大陆桥的建设。1992 年，中国与哈萨克斯坦的国际铁路联运开通，改变了中亚国家经济上的封闭状态，促进了中亚国家的对外经济联系。第二条亚欧大陆桥在概念上更广泛，不仅包括铁路，还包括公路、航空、通信等方面的互联互通，以及海关、出入境、货运等方面的合作。重建丝绸之路正是在这样的背景之下提出来的，成为中亚国家外交战略的核心内容。目前，中亚地区已成为关涉中国核心利益的地区，是中国西北边疆的安全屏障和经贸、能源战略合作伙伴。当前，国际和地区形势深刻复杂变化，中国和中亚国家既面临着利用经济互补优势实现共同发展的机遇，也面临着外部势力渗透干涉以及“三股势力”（恐怖主义、分裂主义和极端主义）等的共同挑战，唯有加强合作才能营造和平、稳定、安全的环境。中国与中亚国家的边界已全部划定，不存在任何难以解决的政治问题。

中国与中亚国家在“丝绸之路经济带”合作的主要方向包括：

（1）打造中亚国际能源合作示范区。利用中国与中亚国家能源领域的互补优势和国家关系优势，抓住中亚国家期望同中国扩大能源合作的机遇，以积极进取、务实灵活的姿态，参与中亚地区的双边能源合作及上海合作组织框架内的多边能源合作，努力实现能源供应多元化，加快提升石油战略储备水平。

（2）在“丝绸之路经济带”框架内，中国与中亚国家继续拓展区域内公路、铁路、电力、通信、信息等基础设施互联互通的合作。双方可制定相应的基础设施建设项目清单和投资指南，引领企业向重点领域和优先领域投资。

（3）与中亚国家共同打造经贸合作区和开发区，形成相互依存的产业链。这种合作区和开发区的面积不一定很大，但是必须具有以下几个特点：为双方共同需要，能够引领当地的工业布局，解决当地的就业，并且能够使财政经济腾飞。中国要如同中心城市发挥溢出效应，让周边地区受益。

3. 中国周边外交

“丝绸之路经济带”两端是当今国际经济最活跃的两个主引擎：欧洲联盟（以下简称“欧盟”）与环太平洋经济带。“丝绸之路经济带”沿线大部分国家处在两个引擎之间的“凹陷地带”，经济发展水平与两端的经济圈落差巨大，交通基础设施供给严重不足。但此地有横跨欧亚和与中国接壤的地理优势，有丰富的矿产资源、能源资源、土地资源和人力资源。发展经济与追求美好生活是该地区民众的普遍诉求。“丝绸之路经济带”将在空间上形成串联中外的轴线，成为促进中国与有关国家和地区互惠互利、交流合作的纽带。从长期发展来看，建设“丝绸之路经济带”可进一步推动亚欧大陆各国的经济合作，促进各国经济发展，进一步改变整个亚欧大陆的经济版图。这一战略实施的终极结果将会构建国际经济新秩序，进而构建国际政治、文化新秩序。

改革开放30多年来，中国东部沿海地区一直是发展前沿且主要面向西方发达国家。中国内地的前七大贸易伙伴始终为欧盟、美国、日本、东南亚国家联盟（以下简称“东盟”）、中国香港地区、韩国和中国台湾地区。国际金融危机的爆发使中国内地的经济发展模式和外部环境均发生巨大变化，发达国家市场尤其是欧洲市场的萎缩，美国重返亚太战略引起的连锁反应，给中国在国际政治经济方面带来了前所未有的压力。在新形势下，要改变以往过于依赖美国、日本、韩国及东盟市场的被动局面，通过中西部地区扩大向西开放，加强与中亚、南亚、西亚乃至欧洲地区贸易往来和经济、技术、金融合作，从而形成全方位对外开放格局。

“丝绸之路经济带”是一种创新的合作模式和有效途径，提倡不同发展水平、不同文化传统、不同资源禀赋、不同社会制度国家间开展平等合作，共享发展成果，通过合作与交流，将地缘优势转化为务实合作的成果。中国作为负责任的大国，应当为区域经济一体化做出更多的贡献，成为区域经济一体化的“领头羊”，在扩大本国经济发展空间的同时，实现与地区国家，包括区域内其他大国经济发展的战略对接，进而打造一个幅员辽阔的欧亚经济合作带，使有关国家实现互利共赢。

1.2.2　国内背景

党的十八届三中全会审议通过的《中共中央关于全面深化改革若干重大问题的决定》明确提出，要“推进丝绸之路经济带、海上丝绸之路建设，形成全方位开放新格局”。党的十八届三中全会着重指出：加快沿边开放步伐，允许沿边重点口岸、边境城市、经济合作区在人员往来、加工物流、旅游等方面实行特殊方式和政策。建立开发性金融机构，加快同周边国家和区域基础设施互联互通建设，形成全方位开放新格局。

1. 基于中国自身发展的需要

长期以来，由于自然、历史和社会等原因，西部地区在经济发展方面相对落后。在西部大开发战略实施十多年后，东西部发展差距过大依然是困扰中国现代化建设全局的短板之一。建设“丝绸之路经济带”是解决东西部发展不平衡的重要举措。随着“丝绸之路经济带”建设的推进，大量的资源将从东部地区转移到中西部地区，转移产业、聚集人口，丝绸之路沿线各省份将培育出新的经济增长极，从而实现中西部地区的跨越式发展。目前，中西部各省份都在积极运筹，希望在建设“丝绸之路经济带”的大背景下，能够抓住新的机遇带动和促进本地区的发展[5]。

2. 东部“蓝海战略”的受阻

自 19 世纪中期以来，由于俄罗斯对中亚的吞并及交通基础设施落后等原因，丝绸之路这条在人类经济文化交流中扮演重要角色的“交通大动脉”逐渐冷清萧条，长时间以来亚欧贸易主要通过海路来实现。改革开放以来，中国实行“蓝海战略”，一方面，带来东部沿海地区经济的持续快速发展，对外贸易增长迅速，中国在 2009 年已经超过德国成为世界第二贸易大国；同时，东西部发展的不平衡因此进一步拉大，这势必影响中国经济的全面发展。另一方面，随着美国介入亚太事务态势的增强，中国依靠海路进行国际贸易的“和平崛起”之路面临诸多困难和不确定性。作为 21 世纪正在崛起的新兴经济体，中国依靠传统的“蓝海战略”已不足以应对国际政治经济秩序的变化和东西部发展不平衡等带来的日益复杂的国际和国内问题[6]。

3. 西部大开发战略的深入

进入 21 世纪，随着经济全球化进程的不断推进，中国的经济改革不断深入，西部大开发战略如火如荼地开展起来，重建横贯欧亚大陆的“新丝绸之路”势在必行。自 2001 年上海合作组织成立以来，成员国之间的贸易额始终保持快速增长。2007 年 11 月 8～9

日，“2007年欧亚经济论坛”在西安召开，欧亚各国决定联合复兴古丝绸之路。2013年9月3日，中国国家主席习近平访问土库曼斯坦、哈萨克斯坦、乌兹别克斯坦、吉尔吉斯斯坦等中亚四国，并于9月7日在哈萨克斯坦纳扎尔巴耶夫大学发表演讲。在演讲中，习近平主席提出共建“丝绸之路经济带”，这是中国最高领导人首次在国际公开场合正式提出“丝绸之路经济带”，为新一轮的西部大开发战略拉开了序幕。

边境经济正在成为中国经济新的增长点。1990年9月，陇海—兰新铁路经阿拉山口与哈萨克斯坦接轨的新欧亚大陆桥成为亚欧大陆上最便捷的东西大通道，被人们称为“现代丝绸之路”。自1992年中国与中亚五国建交以来，双边经贸合作快速发展，到2016年，中国与中亚五国的贸易额从建交之初的4.6亿美元增长到300.4亿美元，20年间增长了近65倍。

事实上，近年来我国周边区域经济合作逐渐活跃，2016年沿边九省区进出口贸易总额为2266.7亿美元，占我国进出口贸易总额的6.15%，比重有增高趋势；沿边九省区2011～2016年经济增速较快，其中，2016年新疆、云南和西藏三个省区经济增速分别达到7.6%、8.7%和11.5%，高于全国平均水平。建设“丝绸之路经济带”，将极大地拓展我国向西开放和向西发展的战略空间，成为拉动西部地区经济增长的火车头，促进和带动沿途各省（自治区、直辖市）经济的大开发、大开放和大发展[3]。

丝绸之路，这条沉寂多年的国际贸易通道将在创新的合作模式下，与欧亚各国以更加紧密的联系、更加深入的合作造福沿途各国人民。“丝绸之路经济带”的沿线经济合作是一项规模宏大、复杂的工程，首先要有有关国家政府的相关配合与支持，要在充分论证、充分调研的基础上，有过程、有步骤、分层次、分阶段地逐步推行。

4. 信息服务将成为“五通”的有力支撑

信息服务古已有之，中国早在秦汉时期就形成了一整套驿传制度，可以说是现代信息传输服务的雏形。信息服务业是21世纪的战略性产业，是第三产业中最为活跃的行业，它的发展可满足国民经济和社会多样化的信息需求，为生产和生活服务，为管理和决策服务，为提高劳动者素质服务，为节省物资和能源、提高效益服务。世界各国都将发展信息服务业视为促进本国经济发展和产业优化升级的关键性措施。中国也非常重视信息服务业的发展和规划，各级政府制定和出台了支持信息服务业发展的规划性政策文件，并通过政策倾斜的方式大力倡导信息服务业的发展。事实上，由于信息服务业发展的经济基础和内在机理与第一、第二产业存在本质上的不同，其发展模式理论和实践创新及商业模式创新研究至关重要[7]。

“丝绸之路经济带”构想的内容极其丰富，概括起来就是习近平主席提出的“五通”，即政策沟通、道路联通、贸易畅通、货币流通、民心相通。“丝绸之路经济带”建设的目标是建成自由贸易区，具体规划内容主要包括交通和通信一体化、能源一体化、城市一体化、产业一体化、金融一体化和贸易一体化。在“丝绸之路经济带”建设中，信息服务将成为“五通”的有力支撑。

1.3 研究意义

《中共中央关于全面深化改革若干重大问题的决定》提出，加快同周边国家和区域基础设施互联互通建设，推进“一带一路”建设，形成全方位对外开放新格局。2014年12月，中央经济工作会议在安排2015年的工作任务时提出，要重点实施“一带一路”倡议及京津冀协同发展、长江经济带战略。由此可见，“丝绸之路经济带”在政治、经济、文化和国际合作等方面的地位非同寻常[8]。

1.3.1 建设“丝绸之路经济带”的意义

建设“丝绸之路经济带”不是要简单地重现古代丝绸之路。它是集政治经济、内政外交与时空跨越于一体的历史超越版；它是集向西开放与西部开发于一体的政策综合版；它是历经几代领导集体谋划国家安全战略和经济战略的当代升级版[9]。

“丝绸之路经济带”建设对于促进“西部大开发、中部崛起、关中一天水经济区等战略的实施，实现“反贫困，促和谐，保畅通，求稳定，谋发展”，缩小东中西部发展差距，促进经济社会协调发展，具有重大的现实意义。“丝绸之路经济带”建设将大大激发欧洲、东亚、西亚、中亚、南亚、东南亚及非洲的贸易潜力，而中国经济的发展越来越迫切需要早日恢复丝绸之路的繁荣景象。总之，“丝绸之路经济带”建设对促进中国经济的发展、社会文化的进步以及维护国家安全意义重大。

1. 国家安全战略

与有关国家共建“丝绸之路经济带”，虽然目标以经贸合作发展为主，但其战略意义广泛，事关国防安全、能源安全、边疆安全等重要领域的全局性国家安全问题，具有重大的战略意义。

（1）维护国防安全。随着经济快速发展和国力与日俱增，牵涉中国的贸易纠纷与地区纷争也随之增多，中国崛起的地缘政治和战略格局也不断变化。一方面，国家利益不可避免地需要向海外拓展，对全球资源与贸易的依赖不断加强；另一方面，全球影响力日益增强，引起东亚及全球力量格局发生变化，与中国有关的地区纷争将迅速增加。以美国为代表的西方国家，以印度、日本为代表的陆海邻国，都在对中国崛起高度警惕，甚至进行战略围堵，形成沿海战略包围圈。国家战略安全，不仅包括存在潜在军事威胁的传统安全，如与美国、日本的利益碰撞，也包括逐渐突出的非传统安全隐患，如可能面临的针对贸易、粮食、能源、民族、反恐等关键物资和敏感问题进行的战略围堵。这就需要中国从海上和陆上两个方面确立自己的发展战略，形成以国家为主导、产学研商共同参与的国家工程，以及海上和陆上丝绸之路的联动态势，把海外交通与能源安全、资本与市场、国内资源与国外资源有效地结合起来，谋求未来发展的主动权。

（2）维护能源安全。近几年来，中国的能源安全形势越来越严峻。首先，供求失衡越发严重。2016年，中国的石油对外依存度已经达到65.4%。国际原子能机构预测，2020年中国石油对外依存度将达到68%。但目前国家石油战略储备不足，储备体制不健全。其次，原油来源区过于集中。70%以上的进口石油来自于政治局势较为动荡的中东和非洲地区。再次，运输线单一。尤为严峻的是，石油进口主要依靠海上运输，有4/5的进口石油要通过印度洋—马六甲海峡线路，形成所谓的“马六甲困局”，严重影响了国家能源安全。中国亟须打通“南下”东南亚和“西进”中亚地区的陆路通道。开发中亚地区，尤其是里海地区的石油资源，有助于实现石油供应多元化；同时，可以通过中亚国家，在陆路连接中东，减少对马六甲海峡的依赖。

（3）维护边疆安全。在“丝绸之路经济带”上，中亚地区是关键节点；中亚地区的地缘政治格局，深刻地影响中国的国家利益。中国与中亚地区具有地理上的紧密联系，共享3000多公里的国境线，仅与哈萨克斯坦就有长达1700公里的国境线。尤其是，中国新疆地区与中亚毗邻，在安全、经贸、宗教等方面，受到中亚地区以及周边国家的极大影响。从地区稳定结构来看，各种国际力量试图影响中亚地区。美国在阿富汗战争以来，为了构建以美国为中心的安全体系，积极拉拢中亚各国，给予中亚各国大量经济和军事援助，其在中亚地区的影响持续增强；但在“颜色革命”之后，美国在中亚地区政治影响有所减弱。除此之外，中亚地区深受“三股势力”影响，反恐形势日益严峻。因此，建设“丝绸之路经济带”，加强与中亚国家的经济、政治、文化、军事等方面的交流与合作，有助于中亚地区的稳定，对保证中国的边疆安全意义重大。

2. 经济战略

（1）促进全球经济一体化。中国经济越来越融入全球经济，同时也越来越依赖全球经济。2010年，中国国内生产总值首度超过日本，成为世界第二大经济体；自2009年成为世界第一出口大国后，2012年，中国对外贸易额达到3.87万亿美元，超过美国3.83万亿美元，成为世界第一大货物贸易体。2017年，中国货物贸易进出口总值达到27.79万亿元人民币。中国经济贸易主要集聚于东部、南部沿海地区，尤其是东南沿海一带。经济集聚于东部、南部沿海一带的直接后果就是对外通道过于单一，过于依赖海路通道。目前在货物贸易中，87.4%的进出口总额、86.8%的出口额、88%的进口额集中于东部沿海地区（从辽宁到广西沿海一线），尤其是上海、江苏、浙江、福建、广东五省市。

（2）促进区域经济发展。“一带一路”（“丝绸之路经济带”与“海上丝绸之路”）、京津冀协同发展、长江经济带共同构成经济新常态下的三大任务。“丝绸之路经济带”既是西部大开发战略的深化，也是中国向西开放战略的新高地。它主要承担着国家循环经济发展示范区、国家重要的生态屏障、战略性新兴产业培育、内陆地区对外开放等功能。“丝绸之路经济带”建设，应重点从加强战略合作、建设立体交通网络、加快经济区和城镇群建设出发，通过产业链的形式在国内形成“树干—树根”式的关联关系[8]。

区域发展与对外通道互为表里、相互支撑。经济重心在一定程度上决定了对外通道的路线选择，对外通道的便利也会进一步促进经贸发展与产业集聚。中国经济重心位于东南沿海地区，必然产生对海洋通道的依赖。鸦片战争以来，中国在西方列强的武力干涉和资本侵入下，被迫融入现代工业文明，使得两宋以来形成的经济重心南移更加集聚到沿海地区一带。改革开放以来，沿海地区已经成为支撑国民经济全局的生产力布局战略重心区。东部地区作为支撑国民经济全局的战略重心区，其地区生产总值占我国国内生产总值的60%以上。从人口分布和人口迁移来看，东部地区人口密集，而西部地区地广人稀，西部人口约占全国总人口的23%，国土面积约占全国国土面积的57%。东部、南部沿海地区是中国经济命脉所在，经济集聚于沿海地区，强化了对海陆通道的过度依赖。

要避免对海洋通道的过度依赖，就必须实现区域经济的平衡发展；要实现区域经济的平衡发展，就必须实现陆路通道的便利快捷。经济重心在一定程度上决定了对外通道的路线选择。经济重心位于东南沿海地区，必然产生对海洋通道的依赖。要避免对海洋通道的过度依赖，就必须实现区域经济的平衡发展：向西开放和向西发展。在区域经济方面，推进区域平衡发展，大力发展中西部，尤其是具有战略地位的西部地区。在对外通道方面，推进中国西进战略，大力拓展西向陆路通道，尤其是向西开放、途经中亚的亚欧大陆桥陆路大通道。

（3）带动经济带沿线城市的经济发展，形成新的经济增长点。“丝绸之路经济带”从中国中部地区开始，直到西部地区，再至中亚地区，最远至欧洲地区，东连亚太经济圈，西接发达的欧洲经济圈，有效辐射东亚、中亚、南亚、西亚、欧洲及北非区域，涵盖40多个国家30亿人口，是当今世界最长和最具发展潜力的经济大走廊。虽然改革开放已经进行了近40年，中国中西部地区的经济发展水平与之前相比已经有了很大的提高，但与东部地区相比，中西部地区经济发展程度仍然不高，居民消费水平较低。“丝绸之路经济带”建设中的基础设施建设为中国西部地区农产品、机电产品等特色产品向西输出创造了有利条件，国内多个省市对“丝绸之路经济带”建设充满热情。2011年以来，中西部省市先后开通了“渝新欧”（重庆至德国杜伊斯堡）、“汉新欧”（武汉至捷克布拉格）、“蓉新欧”（成都至波兰罗兹）等货运班列。这些货运班列的开通能够大大缩短中国货物运输到欧洲的时间，促进中国与欧洲国家（地区）的经济合作，带动沿线城市铁路、公路和航空等基础设施建设，促进沿线城市基础设施的改善和经济发展水平的提高，加快相关地区商品、资本和人员的流通。“丝绸之路经济带”建设为中亚国家的对外贸易开辟了便利渠道，有利于促进中亚国家对外贸易的发展，增强中亚国家与中国、东欧的贸易往来，促进本国的经济发展。

3. 改革开放的深入

（1）以开放带动改革，全面深入推进改革开放。回顾改革开放的历程，中国的经济发展取得了举世瞩目的成就，年均增长率在 9%以上，国内生产总值位居世界第二，中国由低收入国家迈入中等收入国家行列。当前中国经济发展仍然存在许多问题，如东中西部地区发展不平衡、环境污染严重、科技创新能力不强、产业结构不合理及城乡居民收入差距较大等。改革解决了经济社会发展中的一系列问题，但还有许多深层次的矛盾和问题尚未得到根本解决。当前中国经济已经进入转型升级时期，改革也已经进入攻坚克难阶段，改革的难度逐渐增大，如何进一步深化改革，是当前社会主义现代化建设面临的重要问题。“丝绸之路经济带”建设与自由贸易区建设遥相呼应，共同推动中国的对外开放进程，全面深入地推进东部改革和西部开放。“丝绸之路经济带”建设为西部地区经济社会发展提供了新的历史机遇，以西部开放带动西部大开发，为西部地区的开放和发展创造有利条件，同时倒逼东部地区深化改革。

（2）加快中西部地区对外开放的步伐，提高西部对外开放水平。改革开放虽然已经进行了 30 多年，但东中西部地区之间的经济发展很不平衡，对外开放程度也不一致。与东部地区相比，中西部地区的开放程度仍然不够。东部地区由于其得天独厚的地理因素和先前的政策倾斜、经济基础等，对外开放水平最高，区域内的珠三角地区、京津冀地区和长三角地区是我国三大经济区。西部地区地处中国内陆地区，与东部沿海地区距离较远，对外开放步伐缓慢。“丝绸之路经济带”建设符合西部大开发战略的要求，契合中西部经济发展和对外开放的迫切需要。“丝绸之路经济带”建设为中西部地区的对外开放创造了有利条件，促进了中西部地区向西开放，有利于中西部地区积极参与全球化，带动中西部地区与中亚地区的经济合作与发展，形成新的开放前沿。

4. 促进国际合作与交流

（1）促进人类文明的相互交流。“丝绸之路经济带”是横贯亚欧大陆的新型区域经济合作模式，是促进国际合作、对外交流、文明交流的有效途径，其目标是把亚欧国家打造成互利共赢的利益共同体。

从空间范围来看，“丝绸之路经济带”可分为核心区、扩展区和辐射区三个层次。通过共建“丝绸之路经济带”，亚欧国家的经济联系将更为紧密，相互合作将更为深入，发展空间将更为广阔。人类社会发展的历史可以说是人类文明相互交流交汇的历史，无论东方还是西方，都在相互交流中不断向前迈进。根据《汉书·地理志》的记载，早在汉代，中国商船就已经到达今天的越南、泰国、马来西亚、缅甸、印度诸国从事商贸活动了，向外传播中国的精神文明与制度文明的成果。英国学者 G. F. 赫德逊（G. F. Hudson）在《欧洲与中国》一书中写道：“古典时代的丝绸贸易，无论是从埃及经海路或是经塔里木盆地翻越帕米尔高原的陆路，都给欧洲带来了关于中国的新知识。”[10]

（2）促进区域之间的互联互通，提高区域合作水平。“丝绸之路经济带”涵盖的总人口将近 30 亿，市场规模巨大，有利于中国过剩产能的转移，有利于中西部省份的机电产品、特色农产品和特色食品等货物向西出口，促进中西部省份和中亚国家、欧洲国家的商品流通。中国经济一直处于高速增长状态，工业发展迅速，对石油、煤炭和天然气的需求量很大，能源进口量不断增长，能源对外依存度越来越高。中石油经济技术研究院发布的《2013 年国内外油气行业发展报告》显示，2013 年中国石油对外依存度达到 58%，天然气对外依存度达到 31.6%，成为全球第三大天然气消费国。2009 年中国由煤炭净出口国转为煤炭净进口国，2013 年煤炭进口依存度达到 8.13%。中亚五国能源丰富，尤其是里海沿岸油气资源非常丰富，蕴藏的石油储量约占世界石油储量的 18%，天然气储量约占世界天然气总储量的 4.3%。哈萨克斯坦和乌兹别克斯坦的铀矿资源非常丰富，英国石油公司《世界能源统计年鉴 2011》的统计数据显示，哈萨克斯坦铀矿储量位居世界第二，乌兹别克斯坦的铀矿储量位居世界第八位。哈萨克斯坦的出口贸易中能源出口占首位，哈萨克斯坦石油出口占其石油总产量的 85%，由于本国国内消费量有限，能源出口潜力巨大，中国是哈萨克斯坦石油出口的第二目的国。中国是哈萨克斯坦在亚洲地区的第一大贸易伙伴国，也是乌兹别克斯坦和吉尔吉斯斯坦的第二大贸易伙伴、塔吉克斯坦的第三大贸易伙伴。“丝绸之路经济带”建设能够促进中亚国家的资源输出，促进国家之间的互补优势，提高中亚国家出口水平，促进区域内商品、资源、人才等流通，加快中国与中亚国家在能源、农业、通信等方面的合作。从中国中西部到中亚地区，再向西到达欧洲，建设“丝绸之路经济带”，对于中国加强与欧洲国家（地区）的区域合作，增强中国与欧洲国家的经济联系，化解全球经济波动带来的挑战具有重要意义。

5. 经济全球化背景下战略性新兴产业发展需要商业模式创新

商业模式创新是战略新兴产业发展的关键驱动力[11]。苹果公司的商业模式引起了世界的广泛关注。苹果公司的成功，依靠的不是简单的产品和技术创新，而是卓越的商业模式[11]。

后金融危机时代，世界主要发达国家和地区都加快了对新兴技术和新兴产业发展的战略布局。可以预见，在不久的将来，全球将形成一个以新能源和节能环保产业、生物技术产业、信息产业及相关高科技产业为新的经济增长点的产业发展新格局。新兴产业通常建立在颠覆性技术基础之上，会导致传统产业的产业链重构，甚至会使某些产业出现“创造性的毁灭”。随着新技术的不断商品化和新产品的产业化，新的商业模式也将随之不断产生。同时，经济全球化背景下世界发达国家和地区都加快了以跨国公司为主导的国际分工进程，促进了商品、资本、人员、技术等生产要素的跨国界流动，形成了制造业新的全球价值链，而新的全球价值链及新的产品、新的服务又需要新的商业模式。

1.3.2 陕西在“丝绸之路经济带”中的战略地位解析

中国国家主席习近平在哈萨克斯坦纳扎尔巴耶夫大学演讲时提出“丝绸之路经济带”构想，并特别提及陕西西安。历史上形成的陆上丝绸之路实际上由多条互相平行的路线构成，然而无论这些路线途径与最终到达的地方如何，它们都有一个共同的起点——长安（今天的陕西西安）。

自汉代起，从西而来的希腊人、天竺人、大月氏人、波斯人、阿拉伯人、罗马人盘桓于汉唐时期的长安城，或经商或学习，进行文明交流、文化碰撞，成就了世界上最早的国际化大都市——长安。即便是如今的陕西，也经常可以在百姓的生活中拾起一些“丝路记忆”。盛唐时期的长安有东西二市，东市主要服务于达官贵人等群体，而西市颇具大众化、平民化之风，是拥有大量西域、日本等地客商在内的国际性大市场。具有“金市”之称的西市在唐朝时占地 1600 多亩，220 多个行业的商人在此经商，固定商铺 4 万多家，是当时世界上最大的商贸中心。

位于今天西安劳动路上的大唐西市，是一处集博物馆、丝路商旅街区、古玩城、购物中心、酒店、非物质文化遗产城、胡姬酒肆演艺中心等业态于一体的大型建筑群落，是以丝绸之路起点命名的文化产业项目。近年来，陕西省通过帮助哈萨克斯坦“陕西村”东干族青少年重回老家寻根等活动，使他们感受到中华文明的滋养，增进了陕西和中亚地区的互动交流。

陕西作为古代丝绸之路的起点和文化中心，其在“丝绸之路经济带”中的历史与文化地位是毋庸置疑的。除此之外，陕西在地理、经济等方面的优势也十分突出。

1. 地理战略优势

陕西位处我国的几何中心，在中西部经济融合发展中处于承东启西的重要战略地位。中亚五国是地球上离海洋平均距离最远的地区，新丝绸之路以陆空交通为主，其“联”和“通”的功能对中亚国家而言是经济发展的“生命线”。而陕西是中国大西北的门户，是连接中国东、中部地区和西北、西南地区的交通枢纽，具有承东启西的区位优势。哈萨克斯坦等中亚国家已经认识到陕西的几何中心战略地位，这有利于发挥陕西在“丝绸之路经济带”中的辐射带动作用。“丝绸之路经济带”当前的境外建设重点是在中亚地区，而陕西的产业结构与中亚地区具有一定的互补性。陕西是我国重要战略型资源的接续地，而中亚国家可为我国的经济建设提供可靠的资源支持。目前，陕西已经形成了以能源化工、冶金、机械电子、航空、科技教育、文化等一系列优势产业为主导的产业格局，可以和中亚国家在众多领域展开深入的合作。

2. 科教优势

古代丝绸之路是农业时代商品交换的代表，在知识经济时代重构丝绸之路必将成为高新科技产业代表，“丝绸之路经济带”之“新”就体现在科技创新之上。陕西省目前有中国科学院和中国工程院院士 62 名，“丝绸之路经济带”九省份专利受理量和授权量中，陕西一直位于前三甲，在专利结构上呈现出发明专利比例最高、实用新型次之、外观设计相对较小的格局，显示了陕西的科技优势。

陕西的教育优势体现在人才资源的丰富上，目前陕西有 100 多所大学，其中“985”

“211”大学11所，每年有将近30万大学毕业生。此外，陕西将利用区域优势与教育优势，每年培养1000名左右的中亚留学生，这些留学生回国后，将成为当地的技术骨干和推进中亚合作的技术型人才。

3. 中亚合作优势

随着陕西推进“丝绸之路经济带”新起点建设，陕西与中亚国家在多个领域合作提速。截至2015年年底，陕西与中亚国家在基础设施、地勘、能源、农业等领域的合作项目已超过百个，仅陕西在中亚五国的重点项目投资额就已超过6.49亿美元。这些项目涉及石油化工、能源、矿产资源开发和建材等行业，主要分布在吉尔吉斯斯坦和塔吉克斯坦。其中，重型汽车、石油钻采设备、农业等居于优势地位，电子信息产品出口份额也在加大。

在陕西与中亚国家的合作项目中，装备制造业和农业是两大重点领域。

（1）陕西重型汽车进出口公司（以下简称“陕西重汽”）2015年出口各类车型1.8万辆，其中大部分销往了中亚五国和俄罗斯。2014年5月，陕西重汽还与乌兹别克斯坦创新建筑公司一次签订1000辆重型卡车出口合同。陕西重汽已在哈萨克斯坦与经销商合建一个装配厂，实现了本地化生产。能源装备牌是“丝绸之路经济带”赋予陕西的最大机遇，也符合国家能源战略及相应的产业政策。

（2）陕西通过杨凌现代农业国际合作中心这一平台为中亚国家提供农业技术培训和技术支撑。陕西将建设“一带一路”农业技术援外培训基地，在中亚实施节水农业、良种繁育、生物工程项目，“中国—哈萨克斯坦苹果友谊园”便是其中之一。截至2015年年底，陕西农业龙头企业西安爱菊粮油工业集团有限公司投资3000万美元在哈萨克斯坦设立子公司，从事现代农业和食品加工。同时，杨凌千禄宽生物科技有限公司投资1800万美元在吉尔吉斯斯坦设立子公司，从事现代农业项目。

1.4 研究内容及思路

全书分为8章，主要研究内容如下。

第1章：绪论。该章指出课题研究背景及研究意义、研究方法及研究思路。

第2章：相关理论基础。该章首先界定信息服务业的概念和范围、信息服务业的分类及其在国民经济中的地位作用，然后介绍增长极理论、商业模式创新理论及信息服务生态系统理论。

第3章：“丝绸之路经济带”背景下陕西省信息服务业发展现状。该章结合我国信息服务业的发展新常态及陕西省信息服务业发展历史沿革，运用SWOT分析法对陕西省信息服务业现状进行分析，指出发展思路和发展对策。

第4章：陕西省信息服务业对“丝绸之路经济带”的支撑。该章首先分析了陕西省信息化基础对“丝绸之路经济带”的支撑，然后对智库网络与协同创新平台、“数字陕西·智慧城市”、西咸新区大数据中心及安全科技对“丝绸之路经济带”的支撑作用进行分析。

第 5 章：“丝绸之路经济带”背景下陕西省信息服务业生态系统研究。该章首先分析了陕西省信息服务业生态系统构成要素，基于此构建了区域信息服务生态系统结构模型，并提出优化途径。

第 6 章：“丝绸之路经济带”背景下陕西省信息服务业商业模式创新研究。该章分析“丝绸之路经济带”背景下陕西省信息服务业的商业模式创新机理，并基于信息技术、价值网络、合作共赢提出商业模式创新路径。

第 7 章：“丝绸之路经济带”背景下陕西省互联互通的区域合作模式与路径研究。该章运用东方和而不同的哲学思想提出了“丝绸之路经济带”合作模式，进一步提出了陕西省互联互通的发展路径。

第 8 章：结语。

本书的研究思路如图 1-1 所示。

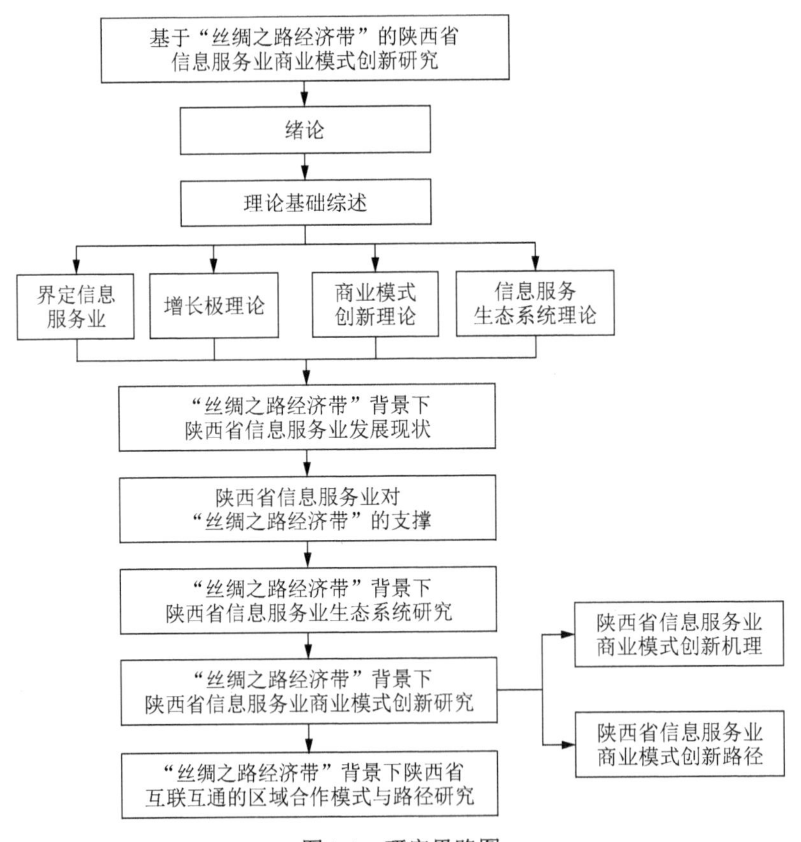

图 1-1　研究思路图

本书的研究内容及框架如表 1-1 所示。

表 1-1　研究内容及框架

逻辑框架	研究思路	研究方法
绪论	绪论 研究背景　研究动态　研究意义　研究内容 研究思路　研究方法　研究框架　创新之处	归纳研究
理论基础	理论研究综述 信息服务业概念界定　增长极理论 信息服务生态系统理论　商业模式创新理论	文献研究 理论研究
陕西现状	“丝绸之路经济带”背景下陕西省信息服务业发展现状 科技基础　政策支持　历史沿革　SWOT 分析	文献研究 调查研究
“丝路”支撑	陕西省信息服务业对“丝绸之路经济带”的支撑 信息化基础支撑　“数字陕西・智慧城市”支撑 安全科技支撑　智库网络与协同创新平台支撑	调查研究
生态系统	“丝绸之路经济带”背景下陕西省信息服务业生态系统研究 系统构成要素　信息生态系统模型　信息生态系统优化路径	系统研究 模型构建
商业模式创新	“丝绸之路经济带”背景下陕西省信息服务业商业模式创新研究 商业模式特征与分类　基于信息技术的商业模式创新 基于价值网络的商业模式创新　基于合作共赢的商业模式创新	
互联互通 合作模式	“丝绸之路经济带”背景下陕西省互联互通的区域合作模式与路径研究 和而不同的合作哲学　合作模式分析　互联互通发展路径	
典型案例	典型案例 商业模式创新案例　互联互通合作案例	案例研究
结语	结语	

1.5　研究方法

1. 理论研究与实证分析相结合

一方面，通过查阅相关书籍、期刊、电子资料，多种渠道搜集国内外尤其是陕西省信息服务业发展研究资料，深入了解国内外最新研究现状、方法和理论。另一方面，针对典型案例仔细研究和分析，利用深度访问、实地调研等手段收集第一手资料，把握全球化、信息化、市场化背景下的陕西省信息服务业发展机制和规律。

2. 宏观分析和微观分析相结合

从全球、国家、区域、信息消费者等不同层面分析各种因素对于信息生态系统的结构和演化的影响，探索信息服务生态系统主体因素对陕西信息服务业发展的作用机制。

3. 多学科综合分析

应用管理学、经济学、系统学、生态学及哲学等学科相结合，运用经济增长理论、系统论及商业模式创新等理论研究信息服务业对经济的引领作用，分析信息服务生态系统的结构，提出其优化措施，通过商业模式创新分析提出新背景下陕西省信息服务业商业模式创新的对策建议。最后，借鉴“和而不同”的东方哲学，指出“丝绸之路经济带”背景下陕西省区域互联互通的合作路径。

1.6 创新点

1. 构建陕西省区域信息服务生态系统结构模型

基于陕西省信息服务发展现状，从信息服务生态主体、信息服务生态环境、信息服务生态链等要素出发，构建陕西区域信息服务生态系统结构模型，并通过分析信息生态系统模型各要素，提出优化途径。

2. 从技术支撑、价值网络、合作共赢多角度探讨商业模式创新

技术创新推动商业模式创新，从基于价值网络的商业模式创新以及合作共赢的商业模式创新多角度出发，提出“丝绸之路经济带”背景下陕西省信息服务业商业模式创新的建议。

3. 从东方哲学的文化认同角度出发，创新“丝绸之路经济带”区域互联互通合作模式

“丝绸之路经济带”互联互通合作模式以合作共赢为原则，“和而不同”的东方哲学是“丝绸之路经济带”互联互通“以德相融”的文化基础。结合陕西省“丝绸之路经济带”新起点的战略地位，构建陕西省“丝绸之路经济带”互联互通合作模式：基础设施先行，制度规范为纲，人文交流为本的以德相融合作模式。

第2章 相关理论基础

2.1 信息服务业的界定

信息服务业是以信息资源为基础，利用现代科学技术对信息进行生产、加工、处理、收集、存储、检索和利用，以生产信息产品为社会提供服务为目的的专门行业的集合体。新兴信息服务业是依托新技术、新业态和新的服务方式改造提高传统信息服务业而产生的新兴业态，包括云计算、物联网、数字出版、移动互联网等新型产业[12]。

2.1.1 信息服务业的概念与范围

根据对现有文献的考察，国内外很多学者的研究都涉及信息服务业的概念和范围。可从下面两个角度来分析它们的不同[13]。

1. 从包含的活动内容角度分析

从信息服务业包含的活动内容出发，信息服务业的概念有以下两种。

概念一：信息服务业是指从事信息产品加工和服务的行业。其范围具体包括信息咨询业、广告业，以及图书馆、信息服务中心和档案馆。

概念二：信息服务业由信息产品的生产，信息的发布与传输，信息源的收集、组织、管理，以及在加工组织后向信息用户提供信息服务等诸多环节构成。它包括图书、期刊、报纸等传统印刷型信息产品，以电子技术为基础的各类数字型信息产品与信息处理服务，各种以光盘或直接通过网络生产与发行的数字图书、电子期刊与网络期刊，政府信息的生产与发布，广告、报纸与网络新闻在内的各种大众传播工具，以及为信息服务提供软件支持与集成服务、网络支持与集成服务、系统集成服务、数据库及资源服务、网络信息内容提供、公用网络平台建设，以及电信服务业、咨询业、经纪业、公共信息服务业、其他信息服务业。

作者认为，以上两种概念的不同主要体现在信息服务业包含的活动内容上，前一种定义包含的活动较少，信息服务业仅包括信息技术服务和信息提供服务；而后一种定义则涉及与信息服务活动相关联的整个产业链条，其活动内容包括：①专门提供信息产品与信息服务技术的产业环节；②基于信息产品和信息服务技术提供信息中介服务的产业环节。

2. 从实现方式角度分析

从信息服务业的实现方式出发，信息服务业的定义如下。

概念三：信息服务业是利用计算机和通信网络等现代科学技术对信息进行生产、收集、处理加工、存储、传输、检索和利用，并以信息产品为社会提供服务的专门行业的集合体。它包括信息传输服务业、计算机系统服务、数据处理、软件服务业、增值服务、数字内容服务、信息技术教育与培训、信息技术咨询服务（咨询、规划等）、信息技术监理等。

概念四：信息服务业是通过各种方式，包括现代信息技术和传统的手工服务方式，对信息进行收集、整理、存储、加工、传递，并提供信息技术服务和信息提供服务等工作的行业集群。它不仅包括信息传输服务、系统集成、数据处理、软件服务、增值服务、数字内容服务、信息技术教育与培训、信息技术咨询服务（咨询、规划等）、信息技术监理等行业，还包括邮政业、新闻出版业、广播电视电影业、图书馆、档案馆等传统信息服务业。

作者认为，上述两种概念在信息服务业包含的活动内容上不存在争议，都认同信息服务业包括生产行为、管理行为和服务行为。其不同之处在于前一个定义强调信息服务业的实现手段是计算机和通信网络等现代电子技术手段；而后一个定义认为信息服务业的实现方式除现代信息技术外，还包含传统的手工服务方式。

2.1.2 信息服务业的分类

产业是一个经济概念，泛指通过投入形成产出以满足需要之经济生产活动的集合，将其限定于信息服务业这个对象上，结果就是信息服务业。随着信息技术应用的不断深化，传统的信息服务业业态发生了新的变化，新兴的信息服务业不断涌现，信息服务业的内涵和外延不断变化和调整。国内外很多机构和学者在研究中涉及信息服务业相关产业的概念和范围[14]。

1. 北美产业分类体系

1997年，美国、加拿大、墨西哥三国联合制定了《北美产业分类系统》(*North American Industry Classification System*，NAICS)。该分类体系首次将信息业作为一个独立的产业部门。NAICS规定，信息业包括四个部分：出版业、电影和音像业、广播电视和电信业、信息和数据处理服务业。这里的信息和数据处理服务业包括新机构、图书馆、档案馆、网上信息服务、数据处理服务等活动。2007年，NAICS进行了修改，把互联网出版发行归并到其他信息服务中作为一个小类。NAICS规定的信息业既包括信息生产、处理和发布活动，也包括使用可利用的信息和信息技术进行更有效生产的各项活动，强调信息的可传播性和服务性，主要是指与信息传播与服务有关的产业。

2. OECD 关于 ICT 产业的定义和分类

OECD（Organization for Economic Co-operation and Development，经济合作与发展组织）是最早对信息社会和 ICT（Information Communications Technology，信息通信技术）进行界定与描述的组织。OECD 指出，ICT 产业是以电子技术获取、传播和演示数据信息的制造业和服务业的集合，其中制造业部分包括为了实现信息处理和通信（包括传输和显示）的产品或活动，或者是通过电子的方式发现、显示、记录物理现象或者控制物理过程的活动；服务业部分是通过电子方式进行信息处理和通信的服务。可以看出，OECD 对 ICT 的定义中服务业的范畴同我们理解的信息服务业关系极大。

3. 联合国对信息通信业的分类

联合国制定的《全部经济活动的国际标准产业分类》（*International Standard Industrial Classification of All Economic Activities*，ISIC），是国际经济产业分类标准，是有关方面用于衡量各国产业发展水平，并进行比较对照时的公认国际标准。2008 年，联合国公布了 ISIC 第四版，确定了信息通信业与信息服务业有较为密切的关系，具体包括出版业、动画、视频及电视节目生产、音频及音乐出版、节目和广播、电信、计算机软件、咨询及相关等。

国外对于信息服务业范围的界定如表 2-1 所示。

表 2-1 美国、英国、法国、德国、日本的信息服务业体系范围

美国的信息服务业	英国、法国、德国的信息服务业	日本的信息服务业
信息处理服务	信息处理服务	信息处理服务
网络服务	网络服务	软件业
应用开发工具	软件产品	设计管理
应用软件产品	系统集成	数据库服务
交钥匙系统和系统集成	专业服务	咨询
作业外包	交钥匙系统	培训和市场调查与研究
专业服务	—	—

4. 国家统计局对信息服务业的界定和分类

国内对信息服务业的体系范围也进行了比较多的探讨。一般而言，信息服务业可划分为传统信息服务业和现代信息服务业。传统信息服务业包括文献采集、处理、传播服务业，新闻报道与广告出版业，图书情报与档案业，邮政电信服务业等。现代信息服务业包括软件业、系统集成业、网络服务业、数据库业、信息处理业、信息咨询业等。信息服务业又可划分为生产性信息服务业和消费性信息服务业。生产性信息服务业包括金融、保险、数据库、软件服务业，信息网络工程服务、视听业，邮电、出版、图书销售、娱乐业，信息设备修理业，市场信息服务业，综合技术服务业，专业信息服务业。消费性信息服务业包括科技研究、教育、体育、新闻报道业，文献采集、处理、传播、存储服务业，图书、情报、档案、专利、标准业，部分旅游、医疗卫生业等其他服务业。

国家统计局普查中心在《我国信息服务业的现状、问题与对策研究》的调查报告中，借鉴先进国家的经验，参照国家标准 GB/T 4754—2011《国民经济行业分类》把信息服务业分为如表 2-2 所示的八大产业。

表 2-2　国家统计局普查中心的信息服务业分类

序号	归类后的大类	行业目录中的种类
1	社会调查业	社会调查业
2	信息处理业	计算机服务、数据处理、数据库服务
3	信息提供业	咨询、广告、出版业
4	电信服务业	电信业
5	咨询业	公证业、律师事务所
6	经纪业	商业经纪与代理、证券经纪与教育、房地产经纪与代理、文化艺术与代理、技术推广与交流
7	公共信息服务业	图书馆业、群众文化服务业
8	其他信息服务业	其他未包括的咨询服务业

2.1.3　信息服务业在国民经济中的地位与作用

1. 决定作用

信息服务业是对信息资源进行开发和利用的产业部门。信息服务业的发展水平代表了一个国家（地区）信息资源开发和利用的水平，而现代经济的发展已经越来越多地依赖信息资源。从这个意义上说，信息服务业的发展水平能够影响和制约一个国家（地区）的经济发展。印度和爱尔兰在发展软件产业上的巨大成就以及对本国经济的推动作用，充分说明了信息服务产业对国民经济的决定作用[15]。

2. 软化作用

信息服务业的软化作用充分表现在优化国民经济的产业结构上。经济学基本原理告诉我们，对一个经济体来说，即使对它的投入不作任何增加，只要对其现有的资源进行优化配置，那么它的产出也会大幅增长。信息服务业在国民经济的发展中充当“催化剂”的作用。例如，我国在通信产业的发展上一直注重“硬投入”，在通信服务的提供上也是注重“硬服务”——基础电信服务，而对于增值电信服务这种高附加值的“软服务”则不够重视。当前基础电信服务需求相对饱和的现状已经严重制约我国通信产业的进一步发展，而大力发展增值电信服务则是化解这种矛盾的一剂“良药”。

信息服务业的软化作用还表现在解决就业上。现代信息服务业的专业化倾向使众多的新兴职业脱颖而出。据美国得克萨斯大学的研究报告，2014 年美国互联网经济总产值为 9662 亿美元，为超过 300 万美国人提供了新的就业岗位。

3. 服务作用

信息服务业的服务作用体现在其对传统产业的信息化改造和支持上。传统产业的信息化改造是实现信息化的重要环节。对传统工业部门来说，发展信息服务业能够提高新产品开发的效率，提高产品的科技含量和附加值。对建筑业来说，大力发展现代工程咨询服务等信息服务是其业务增值的重要举措。此外，大力发展信息服务业不仅能够优化第三产业的产业结构，提高第三产业的附加值水平，而且能够更新传统服务业的服务方式和手段（如网络服务）。

4. 教育作用

大力发展信息服务业，能够提高信息资源的利用效率，教育国民珍惜信息资源，培养国民信息消费意识。在信息时代，信息是起决定作用的资源，而我国的信息资源浪费现象十分严重，信息资源的集约化利用率十分低下，人们对信息是一种资源的认识十分模糊。大力发展数据库服务和咨询业等现代信息服务业，对于逐步培养国民的“信息有偿使用”观念、改变当前的模糊认识具有重要意义。

2.2 增长极理论

区域内某一产业的发展总是从一个具体的地点、某一具体产业的发展开始，逐渐成熟，并通过产业之间的向前、向后连锁带动其他产业[16]。作为增长极的推动型产业与被推动型产业通过经济联系建立起非竞争性联合体，通过后向、前向连锁效应带动区域的发展，最终实现区域发展的均衡[17]。

增长极理论指出，区域内一个产业成为推动型产业应该具有以下条件：首先，这个区域内该产业必须存在具有创新能力的企业群体；其次，要具有一定的规模经济效应；最后，要有与之相适应的经济与人才创新发展的外部环境。

陕西省拥有很强的科研实力，高校和研究中心云集，劳动力成本低且素质高，电信和其他信息传输业、计算机服务业、软件业等传统信息服务业具有一定优势。近年来信息服务业已成为陕西省经济新的增长点。陕西省信息服务产业满足了成为推动型产业的条件，形成明显的增长极，并向后连锁带动相关新兴信息服务产业的飞速发展。

2.2.1 软件服务外包产业

随着经济全球化的不断推进，服务外包产业发展迅猛。陕西省委、省政府高度重视服务外包产业的发展，高度重视产业结构调整和转型升级，把发展服务外包作为转变发展方式、提高综合实力的重要推动力。

陕西省正在积极落实习近平总书记提出的“一带一路”倡议，致力于建设“丝绸之路经济带”新起点，打造内陆改革开放新高地。这必将进一步促进陕西省外向型经济发展和对外开放水平，也必将有利于促进陕西省服务外包产业的快速发展。陕西省紧抓全球及国内服务外包产业转移的新趋势和新变化，大力发展云计算、移动互联网、电子商务、大数据等战略性新兴产业。“丝绸之路经济带”的提出，已经引起市场的高度关注。美国 Amidi 集团等企业在第八届中国国际软件服务外包大会上与西安市高新技术产业开发区（以下简称“西安高新区”）签约，在西安软件新城合作设立一个高科技孵化中心。Amidi 集团负责人为伊朗裔美国人，最终决定将项目落地西安的一个重要原因正是“丝绸之路经济带”将加强西安与中亚国家的联系。

软件和信息服务业作为战略性新兴产业之一，近年来成为西安高新区新的经济增长点。2013 年，西安高新区软件和信息服务业总收入首次突破千亿元大关，达到 1043.7 亿元，同比增长 32.4%，占其经济总量的 11.8%，占西安市地区生产总值的 4.61%，成为西安市除旅游业之外又一收入过千亿元的现代服务业。2013 年，西安高新区软件和信息服务业实现出口 4.96 亿美元，同比增长 30.18%，在对欧美、日韩业务稳定增长的同时，将出口市场扩大到新加坡、德国、印度、爱尔兰、以色列等 20 多个国家和地区。2015 年，西安高新区软件和信息服务业实现总收入 1647.06 亿元，同比增长 21.07%；实现出口 7.39 亿美元，同比增长 13.5%。近年来，西安高新区始终把软件和信息服务业作为推进国际化、信息化的主导产业之一，予以优先发展。经过西安软件园的不懈努力，“一核”（软件园示范区）、“一轴”（国家服务外包示范基地）、“一城”（软件新城）的软件和信息服务业空间发展格局已初步构筑成形。高端软件研发和信息技术服务（服务外包）双轮驱动的产业发展格局日益明晰，形成了“西安特色”四大优势板块：以未来国际、思宇、美林电子、交大捷普、山脉、山利、石文软件等为代表的行业应用产业集群，以天和、和利时、酷派、龙旗、泰为、闻泰、锐嘉科、易朴等为代表的嵌入式软件集群，以英特尔、华芯半导体、联咏、西谷微电子、智多晶等为代表的集成电路设计与测试产业集群，以中软国际、博彦科技、软通动力、奥博杰天、平安保险、百胜、HOV 为代表的信息技术服务产业集群。

未来，西安高新区将重点发展移动互联网（终端嵌入式软件和应用软件）、云计算（典型行业的 SaaS 应用）、物联网（传感器和局域物联网应用）、大数据（研究与应用）等板块。预计到 2020 年，西安高新区软件和信息服务业总收入将达到 3000 亿元，出口

15 亿美元以上，从业人员将达到 28 万。

2.2.2 云计算与云服务产业

云计算是国家“十二五”期间大力发展的战略性新兴产业之一。云计算、大数据、社交、移动等特性都将被整合进一种或几种应用与服务中。云计算在搜索引擎、数字内容、电子政务、中小企业信息化等应用领域取得突破性进展。到 2015 年年末，中国云计算服务市场规模达到 1405.15 亿元。

依托软件业和计算机业的快速发展，陕西省云计算与云服务业也得到快速提升。2015 年 4 月 16 日，中国电信股份有限公司（以下简称“中国电信”）云计算（陕西）基地首批客户入驻签约及开园仪式在西咸新区沣西新城举行。这标志着西北地区实力最强、技术最新、云计算能力最强的电信级服务基地投入运营。中国电信云计算（陕西）基地将通过营维一体化、专业化、集约化，进一步发挥陕西电信作为互联网数据中心（Internet Data Center，IDC）、呼叫中心、云计算大数据中心的基础优势，助力西咸新区沣西新城“国家级云计算服务创新发展示范试点”的快速发展。

西咸新区是西部地区唯一的国家级云计算试点示范城市。西咸新区沣西新城在 2015 年 3 月成功获批国家新型工业化（大数据）产业示范基地，是全国唯一以大数据产业为主导的国家新型工业化产业示范基地。

信息服务业的创新发展带动了陕西省电信行业的快速增长。2016 年，陕西省电信主营业务收入达到 331.71 亿元，同比增长 3.6%，其中移动通信业务收入占到 85%以上。

2.2.3 物联网产业

陕西省是全国重要的高新技术产业基地和科研教育基地，聚集了西安交通大学、西北工业大学、西安电子科技大学、西北有色金属研究院（以下简称“西北有色院”）、西安光学精密机械研究所（以下简称“西安光机所”）等一批高校和科研院所，涌现出了大唐电信、中星测控、烽火集团、优势微电子和华迅微电子等一批优秀企业，引进了华为、中兴等国内龙头企业，涉及物联网的相关技术和产品，涵盖了核心芯片、射频识别（Radio Frequency Identification，RFID）技术、智能传感器、软件与应用平台、智能天线、系统集成方案等全产业链，强有力地支撑了物联网产业发展。西安航天华迅科技有限公司成功研制了中国第一套具有完全自主知识产权的高性能 GPS（Global Positioning System，全球定位系统）芯片组。西安优势物联网科技有限公司成功研发了国内首颗具有完全自主知识产权的物联网核心芯片（唐芯一号），积累了近百项专利。西安西谷微功率数据技术有限公司作为国内 2.4G 有源 RFID 国家标准及 2.4G 实时定位系统国家标准起草的核心单位，形成了以 Super-Zigbee、i3RFID 为核心的 44 项完整专利技术体系。

2.3 商业模式创新理论

在互联网时代，有关企业商业模式和价值网络的研究在国内外一直是前沿和热点问题。当今企业竞争已从产品竞争转向商业模式之争，而每个企业都处在一个或多个价值网络中，从价值网络视角出发研究商业模式创新将会为企业商业模式创新提供新的方向和途径。商业模式创新涉及对企业价值网络及商业模式要素间关系的逻辑重构，本书尝试研究如何将价值网络和商业模式创新相结合，通过价值网络构建商业模式框架，分析商业模式要素，进一步分析价值网络在商业模式创新中的作用，希望对企业价值网络的构建及基于价值网络的商业模式创新提供有效的途径。

2.3.1 价值网络

价值网络的概念由亚德里安·斯莱沃斯基（Adrian Slywotzky）提出[18]。他指出，价值网络是从顾客价值出发，重构企业价值链以实现顾客整体价值最优。价值网络是核心企业与各关系主体以实现顾客价值为战略出发点，协调合作形成的竞合关系及网络结构[19]。谭雪芳摆脱传统价值链的线性思维，从价值网的视角来构建动漫产业的价值观，探索动漫产业各个主体之间相互作用及其对产业价值创造的推动作用[20]。王树祥等结合企业质量升级与网络结构升级探讨了价值链条上的低端企业和价值网络中的底层企业在价值网络中进行网络结构升级的方向与路径[21]。宗文分析了企业在价值链条和价值网络中的协调发展，并指出价值网络中的企业以契约关系联结在一起，在需要时可以随时纳入，不需要时可以退出网络[22]。

由上可知，学者对价值网络的研究经历了从链状向网状转变的过程，虽然各位学者对价值网络的概述不尽相同，但是大多强调顾客价值和价值网络内部要素的相互关系，为本书研究价值网络提供了方向。

2.3.2 商业模式创新

商业模式是一个由各种要素组成的整体，而且组成部分之间必须有内在联系，是企业商业活动整体性和一致性的综合反映[23]。商业模式创新是对企业全部价值活动进行优化选择，并对某些核心价值活动进行创新，然后重新排列并优化整合的结果[24]。

国内外学者对商业模式构成要素的不同角度的研究，构成了不同的商业模式体系。尽管不同学者对商业模式的构成有着不同的观点，但绝大部分学者认为商业模式包含价值网络，由此可见，价值网络已成商业模式构成的重要因素。张越等指出，商业模式各要素之间相互影响、相互依存，其中某个构成要素的改进就会诱发其他要素的改进，抑或改变要素间的组合关系[25]。熊太纯则指出商业模式创新并不只是某一要素的变化，而是多个要素以及要素间组合关系发生变化[7]。一些学者从价值网络的视角重新构建商业模式，彭苏勉基于价值网络，构建了软件企业商业模式框架，实现了商业模式创新[26]；梅姝娥等基于价值网络视角，在梳理技术交易平台的基础上，构建了技术交易平台价值网，分析了技术交易平台的商业模式要素[27]。

由上可知，商业模式创新需要各要素的协调，而企业都处于一定的价值网络中，基于价值网络分析商业模式要素将是研究商业模式创新的新方向（见表 2-3）。

表 2-3 国内外学者商业模式构成要素

研究学者	数量	具体构成要素
Horowitz	5	价格、产品、分销、组织特征、技术
Donath	5	顾客理解、市场战术、公司管理、内部网络化能力、外部网络化能力
Chesbrough 等[28]	6	价值主张、目标主张、内部价值链结构、成本结构和利润模式、价值网络、竞争战略
Hamle[29]	4	核心战略、战略资源、价值网、顾客界面
Gordijn 等[30]	7	参与主体、价值目标、价值端口、价值创造、价值界面、价值交换、目标顾客
Dubosson-Totbay 等[31]	4	产品、顾客关系、伙伴基础与网络、财务
Afuah 等[32]	7	顾客价值、范围、价格、收入、相关行为、实施能力、持续力
Weill 等[33]	8	战略目标、价值主张、收入来源、成功因素、渠道、核心能力、目标顾客、IT 基础设施
Forzi 等	6	产品设计、收入模式、产出模式、市场模式、财务模式、网络和信息模式
Sahler 等	4	价值主张、产品/服务、价值体系、收入模式
Osterwalde 等[34]	9	价值主张、客户关系、目标客户、分销渠道、价值结构、核心能力、伙伴网络、成本结构、收入模式
原磊	4	价值主张、价值网格、价值维护、价值实现
张婷婷、原磊	8	目标客户、价值内容、网络形态、业务定位、伙伴关系、隔绝机制、收入模式、成本管理
罗珉	8	价值主张、核心战略、资源配置、组织设计、价值网络、产品与服务设计、经营收入机制、盈利能力
纪慧生等	7	价值主张、价值构成、价值创造、价值网络、价值管理、价值配置、价值实现
程胜鹏	8	盈利模式、合作伙伴、伙伴关系、资源配置、营销渠道、业务能力、目标客户、客户关系
王鑫鑫	9	目标客户、价值主张、产品与服务、资源配置、能力、渠道、合作伙伴、收益模式、成本结构

2.3.3 价值链视角的商业模式创新

价值链为学者研究商业模式提供了新的方向，有学者认为价值链和商业模式都可以使企业获得竞争优势，企业可以通过价值链活动和关系主体与商业模式要素相互对应的关系来进行商业模式创新活动[24]。

隋伟和张文松从价值链演变成价值网的角度来进行商业模式创新研究，指出价值网关系是通过协调不同企业之间的价值链形成的，由价值网构建的商业模式也将更加丰富、高效，而且更具敏感性和灵活性[35]。

2.3.4 价值网络视角的商业模式创新

价值网络是价值链经过扩大和发展达到较高层次后形成的，其优势主要体现在为了满足多变的客户需求和市场结构，价值网络中的各个主体通过相互合作实现资源共享[36]。有学者将价值网络运用到移动商务的商业模式创新研究中，指出产业链上的各节点企业可以通过多方合作形成既能满足客户需求又能赢得可持续的市场价值的价值网络[37]。王琴指出，商业模式的创新可以通过不断解构并重构价值网络体现各参与者的价值的方式实现[38]。尹小明基于价值网络，构建了云计算商业模式框架[39]。梅姝娥等构建了技术交易平台的价值网络，并分析其商业模式要素，为实现技术交易平台的商业模式创新提供了理论支持[27]。

综上所述，商业模式创新需要各相关要素的协调，而企业都处于一定的价值网络中，基于价值网络分析商业模式要素将是研究商业模式创新的新方向。

2.3.5 价值网络的构成要素分析

随着社会的网络化，任何企业都不只是存在于某个价值链中，而是处在一定的价值网络中。顾客价值是价值网络的核心价值，由于客户和市场需求的不断变化，在价值网络内或价值网络间会发生价值流动和转移。从价值主张、价值创造、价值获取与价值维护四个价值流动过程分析价值网络，有助于促进基于价值网络的商业模式的形成。企业价值网络中的价值流动如图 2-1 所示。

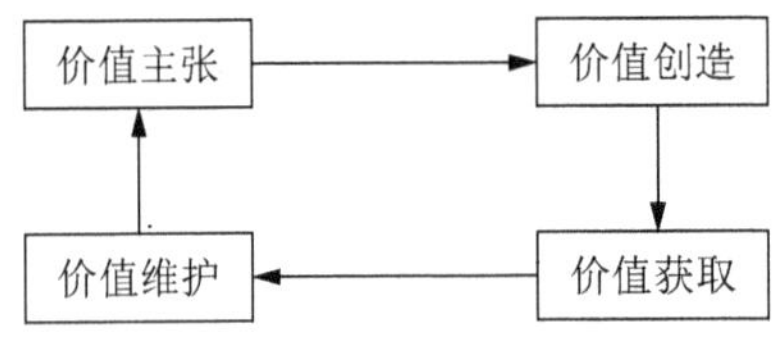

图 2-1 价值网络中的价值流动

1. 价值网络中的价值主张

价值网络中的价值主张是指企业通过消费者购买或使用企业产品或服务的方式，将区别于市场竞争者的核心价值观有效传递给消费者[40]。价值网络中的价值主张可以通过产品或服务和客户群体两个方面来实现。

（1）产品或服务。消费者只能通过企业提供的产品或服务来感受企业的价值主张，所以企业的产品与服务设计必须与价值主张保持一致。

（2）客户群体。客户群体是指企业产品或服务的需求者与最终消费者，是具有某种相同特性的客户的集体。企业根据不同的客户群体确定自己的价值主张，而客户群体的确定也是企业实现客户价值的前提。

2. 价值网络中的价值创造

企业针对客户提出符合其需求的产品或服务主张后，通过选择合适的资源配置和分销渠道，与价值网络中的节点企业共同进行价值创造活动。价值网络中的价值创造可以通过各企业及价值网络整体的资源配置和渠道管理来实现。

（1）资源配置。资源配置是指企业为了给客户传递价值主张所必须拥有的资源支持。这些资源可以是有形的，也可能是无形的。

（2）渠道管理。渠道管理是企业在合适的时间和地点为合适的人群提供代表企业价值主张的产品或服务。

3. 价值网络中的价值获取

企业商业模式的评价标准是盈利能力。在价值网络中，价值获取包括收入模式和成本结构两个要素。

（1）收入模式。收入模式是指企业获得利润的方式。企业向客户提供产品或服务后，客户通过一定的方式向企业支付费用，形成企业的收入模式。

（2）成本结构。企业构建价值网络以及向客户提供产品或服务等都需要投入一定的资本，各项费用占总费用的比重构成企业的成本结构。

4. 价值网络中的价值维护

基于价值网络的商业模式是以客户价值为中心展开的，价值网络是企业价值维护的重要手段，能够维持相对稳定的客户并吸引新客户。因此，价值网络中的价值维护可以通过管理客户关系和伙伴网络两个方面来实现。

（1）客户关系。客户关系是指企业为达到其经营目的，与客户群体建立的联系。客户关系明确了企业与客户之间进行相关信息交流、获取客户信息的方法以及企业以何种形式收集客户的反馈信息，从而指导企业行为。

（2）伙伴关系。伙伴关系是指企业与伙伴为实现共同目标而达成的合作意向。企业要想和伙伴在价值创造活动中实现共赢，就必须合理处理与伙伴的关系。

2.4 信息服务生态系统理论

2.4.1 信息生态系统的概念

生态学是研究不同生物与其所处自然环境之间关系的一门学科，反映客观存在的生态系统，在种群关系及物种多样性研究中被广泛应用。美国管理学家托马斯·达文波特（Thomas Davenport）于1997年首次正式提出了“信息生态”的概念，将“生态”理念引入信息管理研究领域，并开辟了信息管理研究新的领域。经过国内外学者 20 多年的理论探索，信息生态学逐渐发展成为信息管理学科中一个新兴的研究领域，其理论体系已初步构建。但相对于其他成熟学科，信息生态学仍处于发展的初级阶段，其理论体系尚需进一步完善、丰富。

德国学者拉斐尔·卡普罗（Rafael Capurro）在论文《信息生态学进展》（1989）中曾经提出了“信息生态”这一概念，对信息生态进行了初步研究，讨论了信息污染、信息平衡、信息富有社会与信息贫乏社会之间的“数字鸿沟”等问题。美国著名学者大卫·阿什德（David Altheide）在著作《传播生态学：控制的文化范式》（1995）中研究了信息在传播过程中面临的生态问题，探讨了信息技术及其范式与政治、文化、社会现象之间的关系，强调要确立媒介与环境、人与自然和谐相处的新型价值观和资源观，构建正确的信息传播与消费模式，确保媒介生态的总体平衡和良性循环。美国著名学者达文波特与劳伦斯·普鲁萨克（Laurence Prussak）在《信息生态学：掌握信息与知识环境》（1997）一书中，对企业信息化进行了深入研究，提出了微观层次的信息生态学概念，并结合信息管理理论分析了信息环境中人与组织的关系。此书奠定了信息生态学的理论基础。邦妮·纳笛（Bonnie Nardi）和维茜·欧戴（Vicki O’Day）合作撰写了《信息生态：用心使用技术》（1999），对局部环境中信息技术与人的关系进行了探讨，将信息生态定义为“特定环境里由人、实践、价值和技术构成的一个系统”，指出信息生态系统里占核心地位的不是技术，而是由技术支持的人的活动。

综上所述，信息生态系统是信息人与信息生态环境相互联系、相互作用而形成的具有信息流转和信息共享等功能的有机整体。

信息生态系统的定义可以从以下几个方面进行理解：①信息生态系统是由多个要素相互作用构成的整体；②信息生态系统是一种社会生态系统，而非自然生态系统；③信息生态系统是整个社会生态系统的一部分，与其他社会生态子系统相互作用、相互影响；④信息生态系统具有信息流转、信息共享等社会功能；⑤信息生态系统是一个动态系统，处于不断变化、不断发展之中。

2.4.2 信息服务生态系统的基本结构模型

结合以上对信息服务业及生态系统、信息生态系统相关概念的阐述，信息服务生态系统是指在一定空间和时间范围内，信息服务机构和信息用户等主体之间以及主体与各类信息环境因子之间，通过信息传递与信息交流而相互联系、相互作用的一个统一整体。信息服务生态系统是信息生态系统的主要类型之一。在现代信息环境中，科研机构、高等学校、生产企业相互联系、相互作用形成的产学研系统也可看作信息生态系统，但不是信息服务生态系统，因为没有专职的信息服务机构参与其中。也就是说，信息服务生态系统中必须有信息服务机构，并以信息服务机构为核心。

由信息服务生态系统的定义可以看出，信息服务生态系统由信息服务生态主体与信息服务生态环境两大部分构成。由此初步建立信息服务生态系统的基本结构模型，如图 2-2 所示。

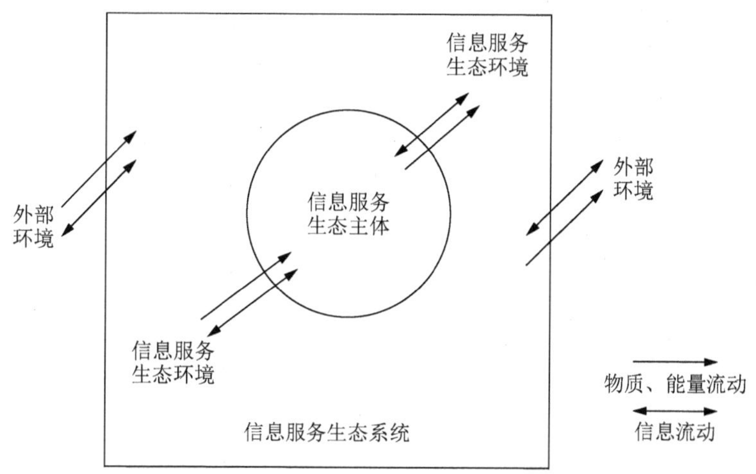

图 2-2　信息服务生态系统的基本结构模型

2.4.3　区域信息服务生态系统的概念与模型

目前，国内学者从信息生态视角对信息服务业的研究主要集中在图书馆生态，新闻、出版及广告等媒介生态，以及信息服务平台生态等方面。对信息服务生态系统的研究尚不全面，尚未形成完整的信息服务生态系统理论框架，对宏观与微观信息服务生态的研究还不够系统、深入，对一定区域或行业范围内的宏观信息服务生态系统的生态位、生态链、生态平衡等问题缺乏专门研究，对信息服务生态位的应用研究尚不全面、系统，只零星见于图书馆与报纸、网络等媒介方面。

区域信息服务生态系统是一个在某一地区信息生态循环中，由信息人、信息和信息环境三大要素及其内部各生态因子组成的动态而开放的系统[41]。其中，信息人不仅包括参与信息活动的单个个体，还包括从事信息工作的政府、媒体机构、民间团体、行业协会、社区等，这是信息生态系统的核心。其参与信息活动是使生态系统维持“平衡—失衡—平衡”螺旋式上升的主导力量。信息主要指区域内所有的数据资源，也包括与之相关的区域外信息资源，具有价值性、时效性、传递性、可处理性、服务性、共享性、增值性等特征。信息环境涵盖信息基础设施、信息资源、信息技术、信息政策与法规等。其中，信息技术是获取、传递、处理、存储、再生和利用信息的主导因子，包括计算机技术、网络技术、通信技术、感测技术、自动控制技术、数据库技术和多媒体技术，以及由这些技术分解出的其他相关技术[36]。区域信息生态系统内部各生态因子之间相互联系、相互作用、相互依存、共生共进。在区域信息生态系统中，信息人、信息与信息环境之间存在着动态的相互适应过程，持续的动态适应过程维持着系统的有序平衡。区域信息服务生态系统模型如图 2-3 所示。

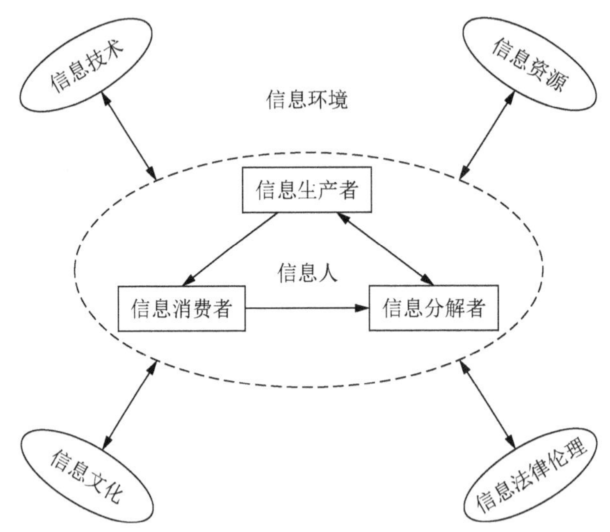

图 2-3　区域信息服务生态系统模型

在区域信息服务生态系统中，信息人是生态的主体；信息资源是生态的客体；信息环境不仅是生态的背景和场所，而且是所有与信息相互关联的外部因素之和。信息人从其所处的信息环境中获取与利用信息资源，又发挥自己的能动性通过实践活动改造信息环境，从而实现不断变化的目标。事实上，信息社会是以信息的收集、开发、传播、利用为主要特征的，信息作用的发挥必须借助于信息技术，同时由于信息技术的进步促进信息生态系统的改善。信息人通过一定的信息技术与外界信息环境进行信息交换，构成了一个信息生态循环[42]。

综上所述，在全媒体背景下，构建区域信息服务生态系统及服务体系务必注重各要素之间的关联和功能。在区域信息服务生态系统中，信息人、信息、信息环境三大要素之间存在着动态的相互适应过程，维持着系统的有序平衡。

第3章

3 “丝绸之路经济带”背景下陕西省信息服务业发展现状

3.1 陕西省科技发展展望

陕西省拥有良好的科教资源，在我国科技版图中占据重要位置。在知识经济背景下，陕西省要把科教资源充分挖掘好、利用好、滋养好，努力在创新驱动发展方面走在前列，盘活用好陕西省拥有的得天独厚的资源、叠加聚合的机遇、加速释放的潜能；陕西省委、省政府强调，要充分发挥科技创新在供给侧结构性改革中的基础、关键和引领作用，进一步提升科技支撑经济发展的能力；要积极参与国家16个重大科技专项，加大微电子、通信、重大装备、航空航天、石油开采、环保技术等领域科技攻关，加强信息技术、新材料、新能源、生命科学等领域基础应用和研究，努力形成更多原创性成果；要围绕产业链部署创新链、围绕创新链培育产业链，加强高端精细化工产品开发，推动传统产业技术改造，加快科研与产业聚集，积极实施“互联网＋”战略，大力打造创新引领的现代产业体系；要加快国家大众创业万众创新示范基地建设，推广西安光机所、西北有色院创新模式，培育创新服务平台、大学生众创空间，办好全省大学生创业大赛、青少年科技创新大赛等活动，优化创新创业生态圈，不断推动大众创业、万众创新；要突出工作重点，从政策、技术、资本、人才等方面，统筹谋划，系统发力，协调推进，扎实做好优化资源配置、推动技术攻关、促进成果转化、激发创新活力等工作，系统化推进以科技创新为核心的全面创新；要全面深化改革，进一步加大简政放权力度，完善科技管理体系，落实“三项机制”（即干部鼓励激励、容错纠错、能上能下）精神，最大限度释放科技创新潜能。

3.2 陕西省信息服务业发展概况

3.2.1 陕西省信息服务业发展历史沿革

1. 改革开放以前

在20世纪60年代根据国家安全形势做出的“三线建设”战略部署中，国家在陕西省的投资规模在全国居第二位。因此，陕西省的“三线建设”在全国具有一定的代表性。

“三五”期间，“三线建设”战略部署初步在陕西省内规划的项目有243个。这些项目大部分是高、精、尖的机械工业和国防工业、尖端科学研究单位，还有一些仓库、学校、勘察设计院等单位[43]。陕西省也是“三线建设”时期经济和国防工业建设的重点基地，是重要的科技、教育、军工和信息产业基地。陕西省电子信息产业发展底子厚、层次高[44]。

2. 改革开放以后

改革开放以来，我国东西部地区的经济发展水平和社会进步的差距随着时间的推移越拉越大，已形成了明显的梯度差异。为了提高综合国力，保持社会经济持续稳定发展，2001年，党中央、国务院做出了西部大开发的重大决策[45]。目标是努力实现西部地区经济又好又快发展，人民生活水平持续稳定提高，基础设施和生态环境建设取得新突破，重点区域和重点产业的发展达到新水平，教育、卫生等基本公共服务均等化取得新成效，构建社会主义和谐社会迈出扎实步伐。在西部大开发的推动下，陕西省信息服务业基础设施进一步加强。

陕西省委、省政府高度重视软件和信息服务业的发展，将其作为加快经济结构战略调整的重要手段，由主要依赖投资、资源推动发展向更多地依靠创新驱动发展转变。陕西省着力营造完善发展环境，以园区化推进软件和信息服务产业发展，重点推进以西安高新区为核心的，包括西安市经济技术开发区、西安国家民用航天产业基地、宝鸡国家高新技术产业开发区等软件服务外包基地建设，推动产业集群化发展，构筑高端化高质化高新化产业结构，实现“陕西配套”“陕西制造”向“陕西创造”“陕西服务”转变。

近年来，陕西省信息产业取得了长足的进步，每年都以20%的速度增长，在全省工业部门名列首位，信息产业产值占全省地区生产总值的10%以上，已成为陕西省的第一大产业。这主要表现在以下几个方面。

（1）电子信息产品制造业继续保持全国重要生产基地的地位。陕西电子信息产品制造业经过多年发展，形成了以西安为龙头的“三点一线”式的电子工业带，现已发展成为我国重要的电子信息产品制造业生产、科研和教学基地之一。

（2）通信业务持续快速增长。陕西省的通信业务，除电报业务自然萎缩外，长途电话、本地电话增幅稳健，移动通信增长迅猛，通信业务市场看好，在西部地区处于相对领先的地位。

（3）软件业发展迅速。陕西省的软件产业在西安地区经过几年的快速发展，已初步形成软件企业群。西安软件园被正式确定为国家十大软件基地之一，初步形成了以西安为中心的软件产业群体。

（4）通信网络规模超常规发展，基本建成了覆盖全省各市县的光缆传输网，建成了数字化的全省电话网，建成了覆盖全省的移动通信网。广播电视传输网络具有覆盖面广和宽频带入户的特点，能满足多方面的要求，在陕西省发展很快。目前，有线、无线、微波、光缆、卫星等多种传输方式相结合的广播电视网在陕西省已初步形成。

（5）基础设施建设大大加强。2002 年 12 月 28 日在西安签订的《西安—咸阳经济一体化协议书》，被认为是陕西省发展史上观念突破、体制创新的里程碑式重大事件。西咸一体化已经实施多年，其成就可以概括为四个方面：规划统筹迈出实质性步伐、基础设施一体化建设取得较大进展、产业空间布局趋于优化和科技文化交流得到加强[46]。基础设施的一体化建设对信息服务业基础设施是一大提升，产业布局的优化和科技的交流使信息服务在内容上更加完善。

（6）发展方向进一步明确。近年来，陕西省的电子科技产业蓬勃发展，中兴、华为、三星等大型电子科技型企业的落户更加快了陕西省信息服务业的发展步伐。2015 年，陕西省电子信息产业全行业实现总产值 1580 亿元，同比增长 40%，呈现出良好的发展势头。陕西省围绕 2017 年要建成全国重要信息产业基地的战略目标，以“三星效应”持续发酵为契机，实施“36358”工程，即围绕电子信息制造业、软件服务业、电信服务业“三大领域”，打造材料、集成电路、物联网、智慧城市、北斗卫星应用和大数据服务“六大产业集群”，争取到 2017 年，实现信息产业产值 3000 亿元，重点培育 50 家产值 10 亿元、8 家年产值百亿元的电子信息企业（集团）。2015 年 3 月 5 日，在十二届全国人大三次会议上，李克强总理在《政府工作报告》中首次提出“互联网＋”行动计划。通俗来说，“互联网＋”就是“互联网＋各个传统行业”，但这并不是简单的两者相加，而是利用信息通信技术及互联网平台，让互联网与传统行业进行深度融合，创造新的发展生态。“互联网＋”概念提出后，陕西省信息服务业进一步明确了发展方向。

3.2.2 陕西省信息服务业发展步入新阶段

1. 总体规模

近年来，我国信息服务业保持平稳较快增长态势，新一代信息技术步入加速成长期，传统信息产业不断与新技术、新业务形态、新商业模式互动融合，带动产业格局的深刻变革。伴随着大数据、移动互联网、云计算等信息技术的应用推广，我国信息服务业向服务化、网络化及平台化模式发展，产业规模持续扩大，集聚效应日益明显，企业创新能力和国际竞争力不断提升，成为我国重要的经济增长点[47]。2014 年以来，受国民经济增速下降、市场竞争加剧等因素的影响，我国信息服务业增速放缓，但仍保持平稳较快增长态势。根据工业和信息化部运行监测协调局的数据，2016 年，我国信息服务业实现收入 25 114 亿元，同比增长 16%，增速比 2015 年下降 2.7 个百分点。其中，运营相关服务（包括在线软件运营服务、平台运营服务、基础设施运营服务等在内的信息技术服务）收入增长 16.1%，电子商务平台技术服务（包括在线交易平台服务、在线交易支撑服务在内的信息技术支持服务）收入增长 17.7%，集成电路设计增长 12.7%，其他信息技术服务（包括信息技术咨询设计服务、系统集成、运维服务、数据服务等）收入增长 16%。

从整个产业收入来看，信息服务业已成为除商业服务以外的全省经济产值第二的行业，发展势头迅猛。2015年，陕西省信息服务业领域有外资企业1311家，年增长达33.3%，为外商投资数增速最快的行业，且行业平均工资及增速均位居各行业榜首。第三次全国经济普查资料显示，2013年度，仅西安市信息服务业实现的增加值就高达217.50亿元，相比2008年第二次全国经济普查时增加了100.2亿元。2014年度，陕西省有信息服务业法人单位5163个，另有从事信息技术研发的科研机构600余家，设有电子信息相关专业的高校超过50所，每年从高校毕业的相关专业大学生和研究生达2.5万人。此外，包括中兴、华为、神州数码等在内的30多家国内外知名软件企业在西安投资建厂，设立研发中心，开发生产的具有自主知识产权的软件产品取得了丰硕的成果，促使陕西省知识产权拥有量大幅提高，居中西部首位，居全国第七位。

2. 市场结构

2016年1～2月，陕西省电信业务总量增长59.4%，增速较2015年同期加快34.5%，通信业务持续快速发展。此外，软件行业在陕西省正蓬勃发展，已经成为陕西省继旅游业之后又一大主要收入来源。根据工业和信息化部软件产业大口径统计显示，2015年上半年，陕西省全省软件及服务外包产业总收入达到847.92亿元，较2014年同期增长23.37%，其中软件业务增速明显，增长26.4%，收入达568.14亿元；软件出口增长15.17%，达到3.71亿美元[48]。陕西省正积极推进13个传统行业的互联网化。但是，目前陕西省互联网和相关服务业规模还较小，仅占信息服务业总产出的2.3%，而且互联网在农村地区的普及率不足30%，农村互联网普及率提升空间较大。可见，陕西省信息服务业的市场结构并不均衡。在国内经济下行压力不断加大的背景下，企业业务量出现萎缩，尤其在能源行业信息化、对日外包、军工等领域较为突出，产业总收入增速放缓，较2014年同期增速下降7.2个百分点。从事自主研发、拥有自主知识产权和软件产品的企业受经济形势影响较小，并实现一定增长。例如，山脉科技借助其水利监测产品，全年总收入超过2亿元，较2014年同期有20%的增长；西电捷通依靠技术专利等实现了盈利，尽管周期较长，但受经济下行的影响并不明显；石文软件从事石油地质分析软件的开发，针对“一带一路”倡议，开始积极寻求向外发展，努力拓展中亚和东南亚市场。

3. 产业布局

目前，信息服务业在陕西省的产业集聚效应明显，以西安为中心辐射其他地市的软件产业群初步形成。经过多年的建设，陕西省电子信息产品制造业形成了“三点一线”式的电子工业带，以西安为龙头，西安、咸阳、宝鸡三地共同发展，已经形成了生产、科研和教学紧密结合的电子信息产业链。近年来，新一代信息技术产业在陕西的发展有目共睹，2015年全年实现的产业增加值达322亿元，与2014年相比增长了23%，产值总量一跃进入全省产量前三甲，增速稳居第一。陕西省紧抓“三星效应”发酵的有利时机，在美光和三星的引领下，半导体产业规模已从五年前的全国第九位上升为第五位。陕西省注重电子信息产业的持续发展，积极推进“36358”工程的进展，将信息电子、软件和电信业务作为信息服务业的核心产业，推进六大新型产业的集聚化，向着将陕西建成全国重要的信息产业基地的目标而不断努力。

4. 优势条件

陕西省注重园区载体建设，建设面向行业的公共服务平台，提升对产业发展的支持能力，引导信息技术服务业集聚发展，取得了明显成效。陕西省发展信息服务业有着诸多有利的国内环境因素。

（1）我国具有大国经济的市场优势。国内信息消费市场持续升级、电子商务增势迅猛、各省份积极推进智慧城市建设，这些因素将释放出更多的信息服务需求。在我国经济步入新常态的大背景下，信息服务业有望继续保持较快增长态势。

（2）中国政府对信息服务业的政策支持力度进一步加大。国务院于 2013 年 8 月发布了《关于促进信息消费扩大内需的若干意见》，要求加快推进企业信息化，拓展新兴信息服务业态。意见发布后，随着相关政策的逐步落实，信息服务业作为与信息消费直接相关的产业将从中受益。2014 年 7 月，国务院发布了《关于加快发展生产性服务业促进产业结构调整升级的指导意见》，推动体制机制改革和政策创新，增强生产性服务业的发展活力，有助于加快信息服务等重点领域生产性服务业的发展。

（3）我国 300 多个城市提出或正在建设智慧城市。2013 年，住房和城乡建设部分两批选择了 192 个城市开展智慧城市试点。2014 年 8 月，国家发展和改革委员会、工业和信息化部、科技部等八部委联合印发《关于促进智慧城市健康发展的指导意见》，促进智慧城市建设健康有序推进。智慧城市建设将为智能交通、数字城管、智慧医疗、智慧教育、智能社区、智能家庭等领域的陕西省信息服务企业带来大量订单，加速新技术、新业态的应用普及。

（4）我国电子商务发展迅猛，带动电子支付、数据挖掘、云服务、资格认证等为电子商务提供支撑服务的信息服务行业的发展。根据国家统计局发布的《2016 年国民经济和社会发展统计公报》，2016 年我国网上零售额达到 5.16 万亿元，比 2015 年增长 26.2%。其中，实物商品网上零售额 4.19 万亿元，增长 25.6%，相当于 2016 年我国社会消费品零售总额的 12.6%。我国传统电子商务交易平台企业纷纷依托物联网、云计算等新一代信息技术向移动电子商务转型。信息服务在电子商务领域的应用不断拓展和深化，市场前景广阔。

（5）2013 年 12 月，工业和信息化部向中国联通、中国电信、中国移动发放了第四代移动通信（4G）业务牌照，我国以手机网民为主的移动互联网用户规模快速增长。中国互联网络信息中心发布的第 40 次《中国互联网络发展状况统计报告》显示，截至 2017 年 6 月，我国网民规模达 7.51 亿人，互联网普及率为 54.3%；手机网民规模达 7.24 亿人，较2016年年底增加2830万人；移动电子商务应用增势迅猛，个人移动应用需求快速增长，成为推动信息服务业发展的重要力量。

（6）我国是网络大国却远非网络强国，信息安全形势较为严峻。国内信息安全投入占IT整体投入的比重不足1%，西方发达国家这一比例普遍为8%～12%，今后我国信息安全投入将不断加大。实现核心技术设备与操作系统的自主可控和自主创新是保障我国信息网络安全的重要举措。发展信息安全行业将开拓陕西省信息服务业的发展空间。

（7）中国已成为全球最大、增长最快的集成电路市场。2014年6月，国务院印发《国家集成电路发展推进纲要》，制定了我国2014～2030年集成电路发展蓝图，旨在推动我国集成电路产业达到国际领先水平，实现跨越式发展。在市场驱动和政策引导下，我国集成电路产业链上下游之间加强了协调与整合，将有力地促进我国集成电路设计行业发展。这对陕西省电子信息产品制造业来说，是一个重大利好信息。

3.3 陕西省信息服务业SWOT分析

近几年，我国的一些学者针对不同地区信息服务业的发展现状，进行了相关的研究分析。黄健青和张娇兰运用SWOT分析法分析了福建省信息服务业，提出要利用“两化融合”带来的市场机会和发展机遇，发展信息服务业[49]。杨兴凯和朱丹采用SWOT分析法对大连软件及信息服务业发展环境进行分析，并结合层次分析法对各要素进行排序，从而得出以防御型战略为主、其他战略为辅的发展战略模式[50]。徐丽梅和王贻志借助SWOT分析法对上海信息服务业的发展现状进行了研究，提出“扬长避短，错位竞争”的发展策略[51]。任道忠等对国内外信息服务业的发展进行了比较，针对我国信息服务业存在的问题，提出了相应策略[52]。周应萍针对陕西省信息服务业存在的弊端，提出了改进措施[53]。耿雪凤等就西安市信息服务业的发展现状进行了深入的研究[54]。但总体来说，全面、系统地对陕西省信息服务业进行研究的文献较少。

陕西省信息服务业近几年得到长足的发展，“三星效应”的持续发酵，为陕西省信息服务业的发展提供了广阔的前景，“丝绸之路经济带”的提出更为陕西省经济社会发展提供了良好契机。如何抓住机遇，利用自身优势，形成产业集群，加快产业结构调整，成为陕西省相关人士关心的重点。下面将运用SWOT分析法对陕西省信息服务业的优势、劣势、机会和威胁进行分析。

3.3.1 内部优势

1. 信息服务业成为陕西省经济新的增长点

信息服务业已经成为陕西省经济新的增长点，从图3-1和图3-2可以看出，信息服务业在陕西省地区生产总值中的比重一直在上升。“十二五”以来，陕西省抓住机遇，着力发展特色优势产业集群，2015年陕西省电子信息产业主营业务收入达到1580亿元[55]。

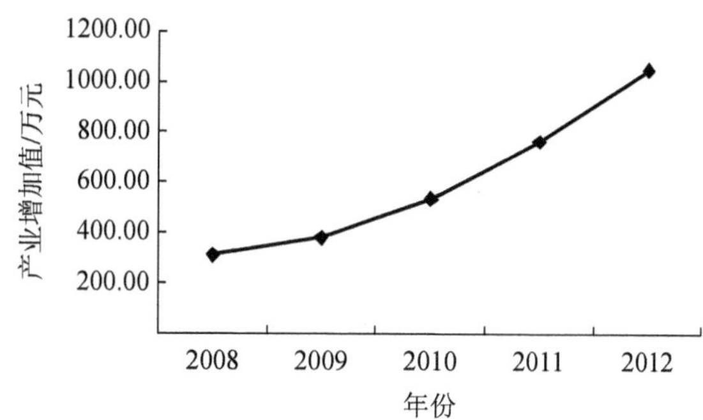

图 3-1　2008～2012 年陕西省信息服务业产业增加值

（资料来源：http://www.shaanxitj.gov.cn/upload/2013/indexch.htm.）

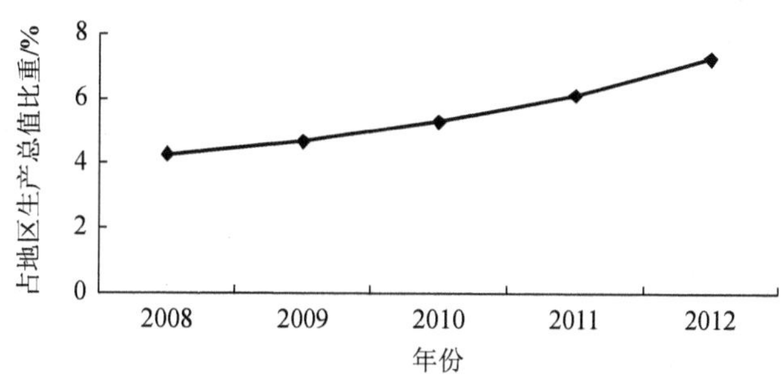

图 3-2　2008～2012 年陕西省信息服务业产业增加值占地区生产总值的比重

（资料来源：http://www.shaanxitj.gov.cn/upload/2013/indexch.htm.）

2. 信息基础设施逐渐完善

到 2015 年，陕西省光缆总长超过 70.8 万公里，超过 70%的用户和 80%的行政村实现 4M 及以上宽带覆盖[56]。全省智慧城市试点市达到 6 家，建成了省、市、县三级电子公共平台，在法人单位、人口信息、地理信息等一批重点项目方面取得了突破性进展，成为国家电子政务试点示范省；完成了 15 个重点城市数字城市示范项目；建成了西安—咸阳国家级"两化"融合试验区；树立了一批以陕西煤业化工集团有限责任公司为代表的"两化"融合示范企业；西安市成为国家级互联网骨干连接点。

3. 信息化建设水平位居前列

2012 年，陕西省地区生产总值排名全国第 16 位。与地区生产总值相当的其他省（自治区、直辖市）相比，陕西省信息化发展指数排名除低于天津外，远高于其他省（自治区、直辖市），信息化建设水平位居前列（见表 3-1）[57]。2012 年，全国信息化发展指数为 74.84，陕西省信息化发展指数为 74.62，接近全国平均水平，全国排名第十，西部第一[57]。

表 3-1 2012 年与陕西省地区生产总值相近省（自治区、直辖市）信息化发展指数排名对比

省（自治区、直辖市）	2012 年地区生产总值排名	2012 年信息化发展指数排名
安徽	14	19
内蒙古	15	23
陕西	16	10
黑龙江	17	25
广西	18	16
天津	20	4
山西	21	14

4. 人力资源充足

信息服务业属于知识密集型产业，首要资源就是人才。陕西省作为西部地区的重要省份，我国信息产业的重要科研、教学和生产基地，在人才培养方面也得到了充分的支持。2013 年，陕西省招收普通本、专科学生 31.35 万人，在校学生 108.3 万人；研究生招生 3.23 万人，在校研究生 9.7 万人（注：研究生人数含科研单位中招生在读人数）；成人高等教育招生 5.7 万人，在校学生 18.1 万人[58]。2013 年年底，陕西省共有电子信息企业 1500 多家，拥有设置电子信息相关专业的高校 40 余所，每年可输送相关专业毕业生 1 万多人次，科研院所 50 余家，从业人员 22.5 万多人，覆盖了电子信息产业的各个领域，为陕西省信息服务业的发展奠定了良好的基础。

5. 具有成本比较优势

陕西省位于我国西部地区，经济发展水平与东部地区相比较低，所以职工平均工资和写字楼租金等也相对较低。与北京、上海、广东、江苏等省（直辖市）相比，陕西省在土地价格、人力资源成本等方面具有明显的比较优势，这将有利于降低在陕西省投资的企业的运营成本，有利于企业规模的扩大，从而提升企业竞争力。

3.3.2 内部劣势

虽然陕西省信息服务业这几年发展迅速，但仍然存在诸多问题。

1. 缺乏有效交流平台

陕西省信息服务业缺乏良好的运行机制，导致有些地方信息资源的重复建设或闲置，而有些地方的信息资源供给不足；区域间没有有效的交流，从而导致资源的浪费；企业与用户之间缺乏有效的服务交流平台，使公告发布、市场推广、技术培训、人才供给等信息不能及时传递；企业之间缺少共享平台，信息共享程度低，使信息资源不能得到充分利用。此外，企业与政府、行业协会也缺乏必需的交流平台，企业不能及时获知

最新的政策法规，不能及时了解最新的行业资讯。

2. 企业规模较小，竞争力不足

陕西省信息服务业企业普遍存在着投资少、规模小、产品与技术结构不合理等问题，缺乏市场竞争力。企业因为资金短缺，无法开发投入大、收益高的项目，只能依靠较小的项目来维持运营。部分企业产品老化，缺少新技术进行产品更新，或者技术含量低，无法吸引风险投资，企业发展受到一定的制约。

3. 产业集群度弱，缺乏市场话语权

陕西省信息产业门类很多但规模较小，产业集中度较低，重点骨干企业少，整体处于价值链的中低端，缺乏具有一定市场影响力的品牌产品和企业。目前发展较成熟的西安高新区，由于缺乏大项目的支撑，与之相关的金融业、保险业、物流业、信息服务业也发展滞后，严重制约了产业集群的壮大。由于“三星项目”刚起步，陕西省的优势军工配套电子又受到国家计划限制，曾经辉煌的黄河彩电、长岭冰箱已经从市场中消失，新的消费类电子整机产品及品牌仍未出现，在行业中缺乏影响力和话语权。

3.3.3 外部机会

1. 全球信息服务的高速发展

全球信息化浪潮促进了中国信息服务业的快速发展，中国仍是全球经济最活跃、最具潜力的新兴市场。中国互联网企业如阿里巴巴、百度、腾讯等的迅速成长，规模的迅速扩大，国际知名度的迅速提升，Microsoft、Amazon、IBM 等跨国公司纷纷将业务拓展到中国市场，巨大的互联网需求市场为陕西省信息服务业带来重大机遇[59]。

2. 国家利好政策的推动

2010 年，在西部大开发战略实施十周年之际，国务院提出信息产业向中西部地区加快转移的要求。政府对西部信息服务产业的重视，为陕西省信息服务业外部环境的改善、资金的吸引带来机会。2012 年 3 月，西安市人民政府与陕西电信签订智慧城市战略协议。根据协议，陕西电信将投入超过 150 亿元，对现有网络进行优化、升级和改造。双方在“十二五”期间共同加快西安智慧城市建设，全力提升以西安为代表的陕西省信息化服务水平。2013 年 8 月，国务院下发《关于促进信息消费扩大内需的若干意见》，要求地方政府因地制宜地制定促进信息产业发展的优惠政策[60]。2013 年 9 月，习近平总书记提出的“丝绸之路经济带”构想更为陕西省经济社会的发展带来前所未有的大好机遇。2014 年 6 月 22 日“丝绸之路：起始段和天山廊道的路网”申请列入世界遗产名录获得通过[61]。西安作为丝绸之路的起始段未来潜力无限。一系列国家利好政策成为陕西省信息服务业持续增长的重要驱动力。

3. 信息服务需求增大

伴随“以信息化带动工业化”发展战略的提出，以及“两化融合”的深入发展，传统行业对信息服务业的需求正在不断增大，企业需进一步对信息进行挖掘、利用和开发，普通信息消费者对信息产品、信息内容及信息资源的需求也呈现出更加多样化的特征，信息服务业的高速增长成为我国信息产业最大的亮点[59]。

近几年陕西省互联网普及率飞速增长，如图 3-3 所示，由 2002 年不足 5%增长为 2012 年的 45%以上；互联网上网人数也在大幅上升，如图 3-4 所示，从 2002 年的 130 万人增长到 2012 年的 1700 万人，上网人数的迅速增加，将促进个人信息消费的爆炸式增长。这为陕西省信息服务业的发展提供了广阔的市场空间。

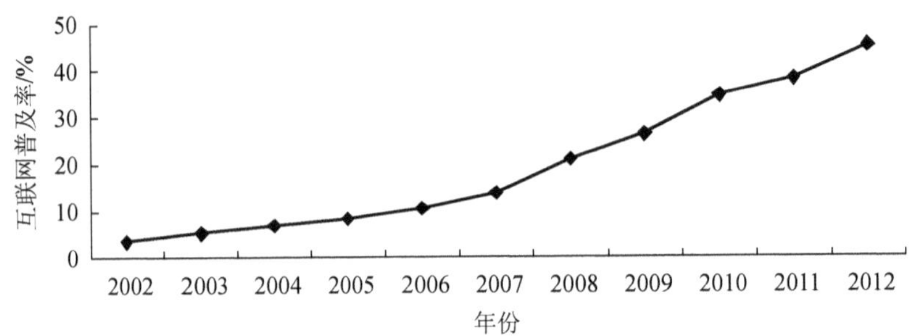

图 3-3　2002～2012 年陕西省互联网普及率

（资料来源：http://www.shaanxitj.gov.cn/upload/2013/indexch.htm.）

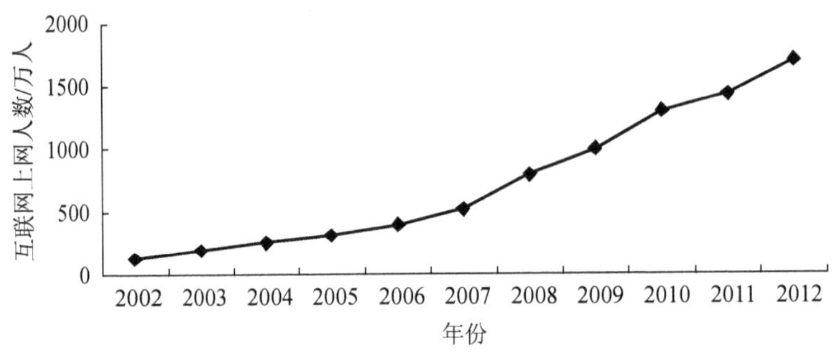

图 3-4　2002～2012 年陕西省互联网上网人数

（资料来源：http://www.shaanxitj.gov.cn/upload/2013/indexch.htm.）

3.3.4　外部威胁

1. 信息服务业竞争加剧

受国际金融危机和欧洲债务危机的影响，西方国家经济长期低迷，国际市场需求增长减缓，国际竞争加剧，有些国家出台优惠政策与我国竞争，使我国电子信息制造业劳动力成本增加，缺乏竞争优势，开始出现发展瓶颈；同时，我国内需拉动不足，对外贸易依存度高，易受国际市场波动影响。鉴于以上各种因素，我国电子信息制造业向服务化转移，行业竞争加剧。我国不同省市出台相关政策，鼓励、支持信息服务业的发展，发达地区积极制定优惠政策，吸引企业投资、吸引人才流入，利用其先发优势对陕西省信息服务业的发展构成威胁。

2. 创新投入不足，创新绩效亟待提高

自党的十八大提出"创新驱动发展战略"以来，我国创新能力稳步提升[62]。《中国企业创新能力评价报告 2016》指出，2011～2014 年，我国企业总体创新能力稳步增长。同时，企业创新投入呈现资本深化特征，创新经费呈现直线增长之势，而创新人力增长相对平缓；企业在创新产出方面已经颇具规模，并且知识产权质量也有提升趋势，发明专利占比呈逐年上升趋势。从创新现状看，我国企业开展创新活动活跃，企业家创新积极性较高[63]。但是，与发达国家相比，我国企业创新绩效仍需进一步提高。自主创新能力是信息服务行业发展的原动力，但由于陕西省创新基础薄弱，企业创新投入和创新绩效仍亟待提高，是陕西省信息服务业面对的重大挑战。

3. 用户对信息服务的质量要求提高

随着信息化及移动互联网的发展，企业用户和个人用户对信息服务的需求呈现出多样化、及时化、个性化的特点。企业和单位对于政策法规、科技成果、市场营销、数据挖掘等信息关注较多，普通消费者则对财经、交通、娱乐、地理信息等社会信息需求强烈。这就要求企业要根据不同的服务对象，提供及时准确的个性化信息产品。能否不断更新服务观念，开发新的信息技术，更新信息产品，对陕西省信息服务业是一个挑战。

综上所述，对陕西省信息服务业发展进行的 SWOT 分析如表 3-2 所示。

表 3-2 陕西省信息服务业发展的 SWOT 分析

内部因素 / 外部因素	优势（Strengths）	劣势（Weaknesses）
	◇ 信息服务业成为陕西新的经济增长点 ◇ 信息基础设施逐渐完善 ◇ 信息化建设水平位居前列 ◇ 人力资源充足 ◇ 具有成本比较优势	◇ 缺乏有效交流平台 ◇ 企业规模较小，竞争力不足 ◇ 产业集群度弱，缺乏市场话语权
机会（Opportunities）	SO 战略（增长型战略）	WO 战略（调整型战略）
◇ 全球信息服务的高速发展 ◇ 国家利好政策的推动 ◇ 信息服务需求增大	▲ 发展优势产业，凝聚产业特色 ▲ 审时度势，制定相应政策	▲ 顶层设计，搭建服务平台 ▲ 扶持龙头企业，打造产业集群
威胁（Threats）	ST 战略（防御型战略）	WT 战略（生存型战略）
◇ 信息服务业竞争加剧 ◇ 创新投入不足，创新绩效亟待提高 ◇ 用户对信息服务的质量要求提高	▲ 增强自主创新，促进科技成果转化	▲ 信息服务内容多样化，促进信息消费

3.4 陕西省信息服务业的发展思路

近年来，我国劳动力及物业配套等生产要素的成本不断上升，信息服务企业原有的低成本竞争优势有所减弱，面临越来越大的经营压力。从陕西省信息服务业现状来看，大多数企业研发能力弱，业务层次不高，处于产业价值链的低端。从企业的规模来看，中小企业仍然占大多数，无法提供全面的产品和服务线，项目按时交付能力不足。在新的形势下，建议重视如下工作，抓住机遇，应对挑战，增强行业的增长动力，促进陕西省信息服务业健康发展。

3.4.1 转变传统观念

国家在“十三五”规划中提到了推动大众创业、万众创新，目的是提高我国的创新水平，释放新需求，创造新供给，推动新技术、新产业、新业态的蓬勃发展，加快实现发展动力转换。推进产业组织、商业模式、供应链、物流链创新，支持基于互联网的各类创新。国家在科技快速更新的时代提出这一理念是必要而且是必需的，科技的发展不仅会影响传统企业的发展，还会加快社会的信息化。切实转变“重硬件、轻软件”的理念，在国家大型采购项目、援外项目中列入软件和信息技术服务业务，为国内企业创造发展机会，同时也在国际市场上树立“中国服务”品牌[47]。陕西省信息服务业要切实转变观念，找准差距，充分利用国家有利政策和市场机遇实现跨越式发展。

3.4.2 提高创新能力

信息服务业的创新发展主要包括科技创新的应用和信息服务商业模式的创新。科技创新应用主要是指能够将新的科技应用到信息服务的体系当中，能够有效地利用科技发展带来的机遇。陕西省信息服务业商业模式的创新是面向社会、面向客户，并根据信息服务需求者的实际需求对商业模式的调整与创新，目的是提高全省信息服务企业的服务水平并更加高效地带动全省地区经济的发展。目前，我国在“两化”融合方面取得了一定的成绩。特别地，我国的电子商务发展令世界瞩目，如阿里巴巴、京东等大型电商企业的崛起为我国电商行业的发展做出了巨大的贡献。

3.4.3 加快“走出去”步伐

陕西省要支持信息服务企业开展海外业务，加快“走出去”步伐，加强拓展海外市场的能力建设，充分依托国内的市场、人才等优势，借力全球创新资源，加大要素整合力度，不断增强全球交付能力，提高国际竞争力。

3.4.4 构建协同发展的产业生态系统

面对日益细分的市场需求和产业集聚化发展的态势，陕西省要进一步加强产业园区的公共服务平台建设，引导企业间、产学研用间加强专业化分工合作，构建协同发展的产业生态系统。政府在进行短期政策激励的同时，要更加注重建立政策的长效激励机制，推动陕西省信息服务业转型升级，不断提高创新能力，有序实现国产替代。同时，重视在岸软件和信息技术服务外包业务市场，使离岸和在岸业务协调发展、相互促进。推动编制服务外包在岸业务政策扶持的认定标准和扶持政策，遴选符合条件的外包业务企业进行试点。

3.4.5 深化产业融合，实现业务升级

陕西省应积极推进信息技术服务产品化、标准化进程，支持国内重点信息技术服务企业开展信息技术服务支撑工具软件研发与产业化；引导信息技术服务企业把握云计算、大数据、移动互联、物联网等技术变革和商业模式创新带来的新机遇，深化产业融合，实现业务升级；推动国内重点信息技术服务企业发展信息技术整体解决方案，提供信息系统开发以及数据收集、处理、挖掘等一体化服务。

陕西省作为"丝绸之路经济带"的新起点，在我国的经济发展中至关重要。在此背景之下，陕西省信息服务业的发展既面临机遇又面临挑战。陕西省信息服务业的发展虽有一定成绩，但存在许多问题。要使陕西省的信息服务业实现持续发展，就必须直面挑战，推进数据资源开放共享；完善电信普遍服务机制，开展网络提速降费行动，超前布局下一代互联网；在科技更新更加频繁，信息服务需求更加专业化、多样化的情况下，拓展网络经济空间；实施"互联网＋"行动计划，发展物联网技术和应用，发展分享经济。国家也提出促进互联网和经济社会融合发展和实施国家大数据战略，陕西省信息服务业只有勇于创新，敢于尝试，不断完善自我，提高信息服务水平，才能实现健康、长久的发展。

3.5 发展陕西省信息服务业的战略建议

3.5.1 SO战略：增长型战略

1. 发展优势产业，凝聚产业特色

陕西省已形成高新技术产业、高端装备制造业、旅游业、现代服务业和文化产业五大主导产业，拥有航空航天、高端输配电、高端数控机床等产业，能源及电子信息制造业等优势行业。随着三星 12 英寸闪存项目落户西安，其持续增长的发酵效应，为陕西

省信息服务业带来前所未有的大好时机。

陕西省发展信息服务业要结合其自身特点，发展优势产业。首先，结合陕西省重点发展的高端装备制造业、航空航天产业，顺应生产服务化的潮流，积极推进工业云服务、大数据等信息服务；其次，搭乘物联网和云计算技术变革的快车，创新旅游和文化信息服务，大力推进智慧城市、智慧旅游的发展，积极发展数字文化产业，增加内容供给，依靠陕西省软件行业优势大力发展软件服务外包和大数据产业。

2. 审时度势，制定相应政策

党的十八大明确提出要"促进工业化、信息化、城镇化、农业现代化同步发展"，习近平总书记指出，"没有信息化就没有现代化"。2013 年，国务院下发《关于促进信息消费扩大内需的若干意见》，为地方政策的制定提供了依据。陕西省委、省政府高度重视信息产业发展，积极部署各项政策。针对陕西省发展现状，有关部门要在提高审批效率、给予财税优惠政策的同时改善企业融资环境，加大招商引资力度，设计好发展思路，引进具有拉动作用的大项目；同时，完善各项法律法规，为陕西省信息服务业的发展保驾护航。

3.5.2 WO 战略：调整型战略

1. 顶层设计，搭建服务平台

2013 年，工业和信息化部印发了《基于云计算的电子政务公共平台顶层设计指南》，指出为避免重复建设和投资浪费，各地要积极开展基于云计算的电子政务公共平台顶层设计。陕西省被工业和信息化部确定为电子政务公共平台顶层设计试点省份，并在电子政务公共平台建设上走在前列，通过电子政务公共平台的实施，全省信息化基础设施建设投资节约 55%，运维服务费节省大约 50%[64]。陕西省信息服务业平台建设可以充分借鉴电子政务的成功经验，通过顶层设计，覆盖全部业务范围，编制统一架构的技术路线和数据标准，建立满足多样化需求的工业云服务平台和数据中心。云服务将提升计算能力和数据处理能力，原来企业和园区设置的数据中心彼此相互独立，不仅造成资源浪费数据，也无法实现信息共享。现在，推进数据中心和服务器的整合，实现数据中心的虚拟化和云计算应用，提供云服务。工业云将促进小企业技术交流与合作，降低创新门槛，促进小企业发展并为其提供信息化服务、咨询服务，从而弥补数字鸿沟。

2. 扶持龙头企业，打造产业集群

2013 年年底召开的全省信息产业大会提出，陕西省信息产业必须遵循"技术牵引、市场促进、龙头带动、集群发展"的发展规律[65]。围绕陕西省全国电子信息制造业百强企业陕西电子信息集团有限公司、重点软件企业西安未来国际信息股份有限公司、全国软件骨干企业西安中兴新软件有限责任公司等龙头企业以及"三星项目"，努力做大做强，实现产业规模迅速扩张。

"三星效应"的持续发酵将吸引国内外芯片存储企业的集聚，促进形成集成电路产业集群；国家（咸阳）显示器件工业园和宝鸡高新区凸显军工电子信息制造业园的优势地位，结合陕西省骨干企业打造元器件及材料产业集群；西安—咸阳国际级信息产业园云计算基地，为推进陕西省云计算服务集群创新、打造大数据服务产业集群奠定了基础；西安软件园促进了区域经济发展及区域竞争力的提升，已成为发展高端软件和信息服务产业集群基地；结合陕西省在物联网领域形成的核心技术优势，积极推进物联网在物流、交通、旅游、能源等行业的应用，打造物联网和智慧城市集群。

3.5.3 ST 战略：防御型战略

陕西省应增强自主创新，促进科技成果转化。2013 年，陕西省每万人发明专利拥有量为 3.8 件，居全国第七位[66]，但实现转化的非常少，或以非常低的价格转移出让，其价值并未真正实现。自主创新是提升陕西省信息服务业行业竞争力的核心保障，也是陕西省信息服务企业的薄弱环节。陕西省要增强自主创新能力，首先要搭建高校、科研院所的基础科研平台，为产业发展提供创新动力和人才支持。其次，建设企业创新平台，推动科研院所产、学、研一体化，充分吸收高校、科研院所的最新科研信息将其转化为现实生产力。最后，建立公共服务平台，为企业提供信息咨询、技术转让、培训等公共服务，构建信息技术基础研究、技术开发、技术转化等完整的创新体系，促进科教与经济的有机结合，提升自主创新能力，提升信息服务产业核心竞争力。

3.5.4 WT 战略：生存型战略

陕西省应努力实现信息服务内容多样化，促进信息消费。信息消费已成为拉动我国经济增长的新引擎，云计算、大数据、移动互联网等新一代信息技术正改变着用户的信息消费模式[67]。文化和旅游产业是陕西省优势产业，为加快促进信息消费，拉动需求，丰富信息消费内容供给提供了广阔的空间。陕西省应大力发展文化旅游、影视制作、演艺会展等新兴文化产业，开拓地理信息服务市场；构建陕西省数字影视制作基地及陕西省数字影视节目、数字出版、数字教育、空间地理信息的综合平台，整合陕西省优势旅游资源，构建旅游行业信息的实时共享平台，增加游客互动和改进体验；同时，促进制造业服务化，支持云计算商业化服务模式，创新软件即服务（Software-as-a-Service，SaaS）的服务模式，提升物联网公共服务能力[68]。远程医疗、电子健康档案、电子病历、智能家居等信息消费将会给信息服务业带来新的增长点。

综上所述，陕西省信息服务业的发展有赖各方的共同努力和积极配合，需紧紧抓住面临的全新机遇，坚持以企业为主体，辅以政府引导和扶持，同时以各大产业园区为中心，提升高校及科研院所创新成果转化能力，培育新兴业态、促进信息消费以带动区域、行业和企业的大发展。

第4章 陕西省信息服务业对“丝绸之路经济带”的支撑

4.1 陕西省信息化基础对“丝绸之路经济带”的支撑

4.1.1 陕西省科技重大工程对“丝绸之路经济带”的支撑

1. 科技创新与战略性新兴产业培育建设重大工程概况

陕西省积极发展高精、高速、高效、柔性数控机床，努力突破智能数控系统、在线远程诊断等先进技术。加快掌握机器人关键零部件技术，推动成果产业化，扩大应用范围。实施智能装备创新发展和应用示范工程，积极发展智能控制系统、智能仪器仪表、精密工模具。推广应用精密成型、智能数控等加工装备和柔性制造、敏捷制造等先进技术，推动制造向柔性、智能、精细、绿色转变。

陕西省正加快构建集成电路设计、制造、封装、测试产业链，提升北斗导航、网络通信、物联网、图像处理等领域芯片设计水平，建设世界一流的高端芯片制造、封装测试一体化产业基地。加快推进智能终端制造及配套产业发展，加快发展物联网、半导体照明、平板显示和激光等产业，打造具有全球影响力的新一代信息技术产业高地。加快材料、数字化设计、快速成型、关键部件等技术开发应用，推进3D打印及智能制造新技术、新工艺、新装备、新产品产业化，培育增材制造全产业链，依托渭南高新区和西安高新区建设国家级增材制造示范基地。

2. 现代服务业发展建设重大工程概况

陕西省发挥国家级互联网骨干直联点优势，推进西安、咸阳国家信息惠民示范城市建设。深化电子政务应用，重点建设政府信息公开、政民互动等服务平台。发展信息增值服务，大力培育网络娱乐、数字出版等服务新业态。提升西安国家软件产业基地和出口基地功能。深化同丝绸之路沿线省区、国家间的旅游合作，共建丝绸之路国际黄金旅游带。积极开辟空中丝路航线，新增3～5个国家5A级景区，建设国际知名旅游目的地。建设华夏文明历史文化基地，建成“国际红都”和中国革命博物馆城（延安），建设秦岭、黄河国家公园，打造大秦岭人文生态旅游度假圈、渭北休闲旅游度假区、黄河风情旅游带。推进31个文化旅游名镇和450个乡村旅游富民工程建设。引导知名电子商务龙头企业设立区域性总部、功能性中心。建好西安跨境贸易电子商务服务平台，实施电子商务入村工程，建设一批“电子商务村”。电子商务交易额达到8000亿元，年均增长25%以上。依托重要流通节点城市和优势农产品区域，加快打造3～5个特色农产品集散中心，重点建设20个社区综合服务示范中心和10个多功能乡镇商贸中心。推动“互联网＋商贸”，大力发展特色行业电商、农村电商和跨境电商，通过线上线下融合，推动各类专业市场线上转型。推动“互联网＋物流”，加快建设跨行业、跨区域的物流信息服务平台，建设智能仓储和物流配送调配体系。

4.1.2 陕西省信息化发展对“丝绸之路经济带”的支撑

“十二五”以来，陕西全省经济平稳快速发展，信息化建设成效显著。2016年，陕西全省工业生产总值达到19 165.39亿元，固定资产投资突破万亿元大关，地区生产总值年均增长速度高于全国平均水平。陕西省信息化水平总指数由2011年的0.729提高到2016年的0.84，达到了西部地区领先水平。

1. 信息化发展机制和模式不断完善

陕西省在信息化推进过程中，探索出一条符合本省实际、符合区域信息化发展规律的机制和模式，在组织领导、统筹规划、管理机制、建设模式、保障措施、支撑环境、人才队伍和服务体系等方面创新发展，形成了特色鲜明的区域信息化发展机制和模式。

2. 信息化基础设施及公共平台体系基本建成

按照《国家“十二五”电子政务发展规划》和《陕西省电子政务基础资源共享实施办法》的要求，陕西省在全省范围内开展了以“两网四库两中心一平台”为主要内容，以“网络覆盖到村、基础资源共享、业务与承载分离、三级平台五级服务”为目标的电子政务公共平台顶层设计和建设，实现省、市、县三级电子政务公共平台互联互通、基础资源共享、条块协同发展。电子政务公共平台体系在互联互通、资源共享、承接纵向应用落地、减少投资、避免重复建设等方面正发挥重要作用。陕西省已经被工业和信息化部确定为全国电子政务公共平台顶层设计试点省份和全国电子政务公共平台应用与服务试点省份。

3. 社会信息化全面展开

陕西省教育信息化成效显著，基本形成覆盖全省的现代教育传输网络，重点教育资源库初具规模；社会保障信息系统普遍建成，全省统一的养老保险系统全面推广使用；医疗健康信息系统在大中型医院基本普及，覆盖社会保障和公共服务的《陕西省社会公共服务卡技术规范》已编制完成，居民健康卡（一卡通）应用的试点工作已开始启动；科研、文化、人口与计生服务信息化建设成效明显。西安市成为全国数字城市建设示范市，宝鸡市的“数字城管”和“大社保”模式进入全国先进行列。

4. 信息化与工业化融合不断深化

以先进制造业和现代服务业为特色的西安—咸阳国家级两化融合试验区，宝鸡装备制造业和榆林能源化工产业两个省级“两化”融合试验区建设工作进展顺利。陕西省在装备制造、煤炭、石油化工、汽车、航空、输变电设备、食品药品等行业已实施“两化”融合项目150个，培育了60家典型“两化”融合示范企业。

5. 信息安全保障体系不断完善

陕西省网络与信息安全保障体系不断完善，基础网络和重要信息系统保障水平显著提升，互联网安全管理不断加强。陕西省贯彻落实《国务院关于大力推进信息化发展和切实保障信息安全若干意见》精神，出台了本省的实施意见。

6. 西安市信息化网络基础设施建设概况

西安市作为全国长途通信网络八大枢纽之一和四大数据中心之一，是全国五大高速光缆环网（南环、西环、北环、西北环、东南环）的重要节点，也是全陕西省三大高速光缆环网（陕北环、关中环、陕南环）的交汇中心和通信中心，已基本形成以光缆为主，数字微波、卫星通信为辅的大容量、高速率覆盖中心城区的传输网络。信息化基础设施建设不断完善，有力地支撑了全市信息化发展。

西安市数字传输网以众多的光缆环网、光缆链构成了全方位的网络覆盖，基本实现了光纤到路边、光纤到小区、光纤到大楼。西安市本地交换网拥有四通八达、覆盖广泛深入的用户线路网络，已形成包括市区和长安、临潼、户县、高陵、周至、杨陵、阎良、蓝田等区县在内的本地电话网。西安市广电城域网干线带宽设计，包含区县环网和城域网，网络覆盖西安市城区。据西安地区电信运行企业提供数据显示，截至2016年年底，全市移动电话用户达到1445万户，4G移动电话用户达到991万户，互联网宽带接入用户近340万户，电话普及率为203.3部/百人，移动电话普及率为168.28部/百人。

7. 智慧城市：引领“智慧西安”信息化发展

2012年3月8日，西安市政府与中国电信签订了智慧城市建设战略合作框架协议，双方在“十二五”期间加快西安智慧城市建设。智慧城市建设主要包括智慧政务、智慧产业、智慧民生等多项工程，涵盖了从政府到企业，从家庭到个人，从社会公共服务到个人数字生活等社会信息化各个方面。中国电信同时也与陕西省的16个区县政府签订了智慧城市建设框架协议。

4.2 智库网络与协同创新平台对“丝绸之路经济带”的支撑

“丝绸之路经济带”智库网络与协同平台一体化支撑体系建设的总体目标是协调智库网络与人才计划，提高人才智力资源互通的广度和深度；建立协同创新平台与信息化科研环境，为智库的高效运作提供信息化协同环境保障；建立支持面向问题分析的决策支持系统，为智库思想的科学性提供智力支持；提出和发展“丝路”国际科技合作计划，促进研究所、实验站、研究网络等的全面建设和发展，最终服务于面向资政辅政、启迪民智、平衡分歧、聚贤荐才的“丝路”智库建设，最大限度地发挥智库的效率、活力和效益[69, 70]。

4.2.1 “丝绸之路经济带”智库网络的支撑

“丝绸之路经济带”面临的资源利用、生态保护、环境演变、区域可持续发展等方面的问题涉及面广，往往纵贯自然系统和社会系统的诸多领域，涉及不同层次不同部门的决策者。解决这些半结构化的、多层次、多决策者和多目标的决策建议问题，离不开一系列面向重大或专题应用的决策支持系统。“丝路”决策支持系统的建设目标是基于数据库、模型库、知识库、工具库的构建，建立面向“丝路”区域人口—资源—环境—发展（Population-Resources-Environment-Development，PRED）的决策支持系统，服务重大战略决策。决策支持系统与协同创新平台和信息化科研环境互为协作、相得益彰。

2013 年，习近平总书记提出“丝绸之路经济带”构想以来，陕西省充分响应中央号召，不仅为西部地区经济社会发展做出了贡献，也为陕西省经济的可持续发展创造了条件，拓展了更多发展空间。陕西省作为科教大省，充分发挥科教优势，成立各类科研协会和研究所，为“丝绸之路经济带”的更好发展献智献策，吸收各国顶尖科学家参与，形成人才与思想高地，集国际科学家智力资源支持“丝绸之路经济带”建设；定期召开“丝绸之路经济带”国际科学家联盟大会，集成世界最新科技成果支持“丝绸之路经济带”建设；以国际科学家联盟为依托，成立“丝绸之路经济带”国际研究中心，为“丝绸之路经济带”建设提供战略决策咨询支持，解决“丝绸之路经济带”建设面临的重大科技战略问题。

陕西省现在共有省级学会、协会、研究所 26 个，市（区）级科技协会 11 个，县（市）区级科技协会 107 个，其中 83 个县（市）区科技协会机构独立设置。此外，还有农村专业技术协会 4600 多个、企业科技协会 119 个、高校科技协会 22 个。

1. 西北大学丝绸之路研究院

西北大学丝绸之路研究院是西北大学积极响应国家建设“丝绸之路经济带”部署，利用西北大学学科建设的综合优势，开展协同创新研究，经陕西省人民政府批准，于 2014 年 1 月 10 日正式挂牌成立的实体研究机构。该研究院下设丝绸之路战略研究中心、丝绸之路数字化研究中心等虚体研究机构，项目管理办公室、信息交流中心等行政事务机构。

2. 中国（西安）丝绸之路研究院

2014 年 12 月 28 日，国家统计局、陕西省人民政府共同发起的中国（西安）丝绸之路研究院在西安财经学院正式成立。该研究院主要在以下三个重要领域开展工作：一是深入研究丝绸之路沿线国家经济发展状况，包括各国经济特点、产业结构、经贸政策和投资消费需求等，开展“丝绸之路经济带”相关领域的专题研究；二是搜集并系统整理“丝路之路经济带”沿线国家宏观经济指标，包括国内生产总值、物价水平、投资、消费等数据和重要产品信息，编撰“丝路之路经济带”沿线国家统计年鉴，为“丝路之路经济带”沿线各国互联互通、务实合作提供统计和信息支撑；三是立足陕西、服务国家、放眼全路，更好地为事关陕西、全国和“丝路之路经济带”发展的重大决策提供科学可靠的咨询参考。

3. “丝绸之路经济带”发展研究院

“丝绸之路经济带”发展研究院是由西安电子科技大学与陕西省社会科学院共同倡议建设的协同创新平台，其研究对象主要是“丝绸之路经济带”的区域经济社会发展。双方将筹措资金设立共同研究基金，每年发布研究项目指南，定向支持“丝绸之路经济带”相关领域的专题研究。该研究院将成为我国“一带一路”建设的重要智库。

4.2.2 “丝绸之路”创新平台的支撑

1. 秦云工程交换共享平台

秦云工程是陕西省“十三五”开局的重点项目，致力于打造“产业基地＋行业云＋大数据交易所＋产业基金＋产业研究院＋产业联盟”的产业生态体系。通过“N＋1”模式，上层建设 15 朵行业云，底层搭建大数据交换共享平台，实现各行业云的数据交换共享。数据交换共享平台是秦云工程的关键性核心平台，将建立省内行业云大数据交换共享的六大子系统和七大体系，覆盖秦云工程各个行业云和各行业部门的各类业务系统和数据资源，实现各行业云内、外的数据汇聚交换共享、数据开放、数据服务等功能。

2. 三秦企业云

三秦企业云是为陕西省25万家中小企业提供成本低廉的一站式应用服务的云平台，最大限度降低企业信息化的技术和成本门槛，助力中小企业创新创业。目前注册用户7000 家，终端服务对象 8 万多人。

3. 西咸新区政府数据开放平台

西咸新区政府数据开放平台通过将西咸五组团（空港新城、沣东新城、秦汉新城、沣西新城、泾河新城）的所有开放数据进行收集、清洗、加工、脱敏、分析等处理，通过合理机制开放，提高政府效能，提升数据价值，促进公民知情，实现人民监督，有利于打造服务型政府，同时可促进创新应用和开发团队的聚集。

4. 陕西工业云

陕西工业云作为秦云工程的首发项目，是西咸新区大数据公司在陕西省工业和信息化厅的大力支持下，落实全省“两化”融合和大数据产业相关规划，秉承开放、开源的理念，按照“众筹”“众创”优化配置资源的创新商业模式，规划五大类服务（云资源、云应用、云智囊、工业协同设计、高性能计算）99 项应用，汇聚各类服务合作伙伴提供商 30 余家。目前，已有 65 家企业采购平台的 33 项应用及服务，产业促进效果明显。

5. 大数据交易所平台

西咸新区“一带一路”大数据交易所正在搭建立足陕西、面向全国、覆盖“一带一路”沿线国家和地区的大数据交易平台。目前，该平台主要承载线上数据撮合交易和数据产品交易两项业务，未来还将拓展拍卖式交易、数据金融衍生品交易、大数据服务交易等多种交易模式，促进数据价值流通，探索商业模式创新；同时，打造大数据创新创业孵化体系，大力扶持大数据相关企业快速成长，搭建完善的大数据产业链及生态体系，推动大数据产业繁荣发展。

4.3 “数字陕西·智慧城市”对“丝绸之路经济带”的支撑

智慧城市是新一轮信息技术变革和知识经济发展的产物，是信息化与工业化、城镇化的深度融合，并向更高阶段迈进的表现。当前陕西省正处于加快社会转型和产业升级的关键时期，调结构、促转型是近一时期社会经济发展的主题。智慧城市建设是加快陕西省经济发展方式转变的战略举措，是提升城市品质和竞争力的全新途径[71]。

“数字陕西·智慧城市”按照城市智慧引领与城乡统筹兼顾、高端发展与普遍服务并重的梯度发展理念，在两个层面推进社会信息化发展。数字陕西的发展定位是在全省城乡范围内建设以网络互联互通、信息便捷获取、基本公共服务城乡均等为特征的数字陕西。智慧城市的发展定位是在中心城市建设以全面感知、广泛互联、智能应用、内生发展为特征和目标的智慧城市，引领全省社会信息化梯度发展。

4.3.1 “数字陕西·智慧城市”的发展机制与模式

“数字陕西·智慧城市”发展思路是秉承近年来陕西省在信息化建设中建立起来的信息化发展理念，坚持已经形成的信息化推进机制和发展模式，充分利用已经取得的信息化基础资源和公共服务体系建设成果，以智慧政务为引领，智慧产业为支撑，大力发展智慧民生服务，在信息化公共平台顶层设计框架下，统筹规划智慧应用体系建设，集约建设基础设施和资源。按照部门职责权属牵头负责，分类推进智慧城市建设；省市协同，分级推进智慧城市建设。

在基础设施共享方面，充分利用已经取得的信息化建设成果，依托信息化公共平台开展智慧城市建设。公共平台主管部门负责平台建设、运维和服务，各部门按职能负责建设相关业务应用，共享平台提供的机房、网络、主机、存储、支撑软件、安全和运维等基础设施，建立和完善“平台＋服务”智慧城市建设模式。

在示范应用共享方面，充分发挥各城市的比较优势，鼓励各市、各部门根据自身条件，有重点地开展智慧城市示范应用建设。将技术先进和应用成效突出的智慧应用提升为省级全局应用，各市、各部门通过公共平台共享示范应用成果，避免重复建设和出现“信息孤岛”，提高智慧城市建设的绩效。

鼓励信息技术服务企业基于公共平台部署与开展智慧政务和智慧民生服务；鼓励电信运营商利用网络覆盖优势开展社会信息化服务，积极推进市级以下移动政务应用。

4.3.2 “数字陕西·智慧城市”的体系架构

1. 信息化公共平台体系架构

智慧城市是以新一代信息技术（物联网、云计算等）做支撑、协同创新为特征的知识经济环境下的城市形态。它利用新一代信息和通信技术使城市生活更加智能，资源利用更高效，成本和能源更节约，环境更友好，支持创新和低碳经济。要实现这一目标，需要强大的信息化基础设施和资源做支撑，通过将各部门的智慧应用系统所需的共享基础设施和资源与其业务应用剥离，统一规划、集约建设、规范管理、按需使用，构建统一的信息化公共平台。依托信息化公共平台建设智慧城市，符合我国信息化发展的客观规律和实际需求，可有效避免重复建设，降低信息化投入，促进区域、部门及行业间的互联互通和资源共享。

信息化公共平台服务体系架构是由省、市两级信息化公共平台和县级统一平台组成，其建设目标是实现“网络覆盖到村、基础资源共享、业务与承载分离、三级平台五级服务”，如图 4-1 所示。

“网络覆盖到村”就是内网和外网覆盖省、市、县三级，县以下电子政务外网通过互联网延伸至乡镇（街道）、村（社区）。“基础资源共享”就是在公共平台上实现基础设施、基础数据库、共性运行环境和公共应用资源的共享。“业务与承载分离”就是业务应用系统与承载环境，即机房、网络、主机和存储等基础设施分离。“三级平台五级服务”就是省、市和县级三级平台服务于五级行政区域。省级公共平台是“数字陕西·智慧城市”的基础支撑，市级公共平台是应用的核心、县级平台是服务前端。

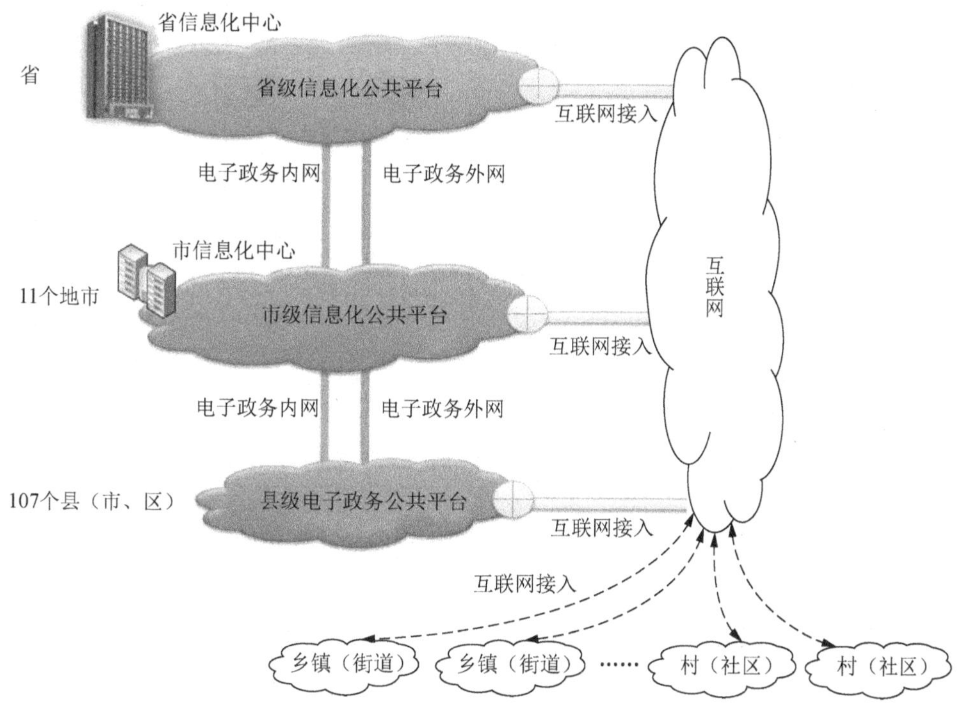

图 4-1 信息化公共平台体系架构

陕西省信息化公共平台服务体系包含三级体系（见图 4-1）。

（1）省级信息化公共平台是支撑全省各级各部门信息化建设的基础性、公共性基础资源平台。承担全省信息化基础资源的共享、信息资源开发利用与交换、信息安全保障、容灾备份和运维监控等功能。

（2）市级信息化公共平台是支撑社会服务、城市管理、政务服务的基础支撑平台。服务定位是面向市民和企业提供公共服务。

（3）县级电子政务公共平台是省、市两级公共平台的接入平台，承载省市平台的各项业务应用和服务在县域的落地，开展本地化业务应用。服务定位是面向城镇居民和农民提供基本公共服务。电子政务公共平台总体框架如图 4-2 所示。

2. “数字陕西·智慧城市”的基本框架

“数字陕西·智慧城市”基本框架以信息化公共平台为支撑，以智慧城市信息资源开发利用和感知互联为核心，以法律法规、标准规范和组织领导为保障，建设智慧应用和服务体系，实现信息技术与城市综合管理、公共服务、产业发展与市民生活的有机融合，其基本框架如图 4-3 所示。

图 4-2　电子政务公共平台总体架构

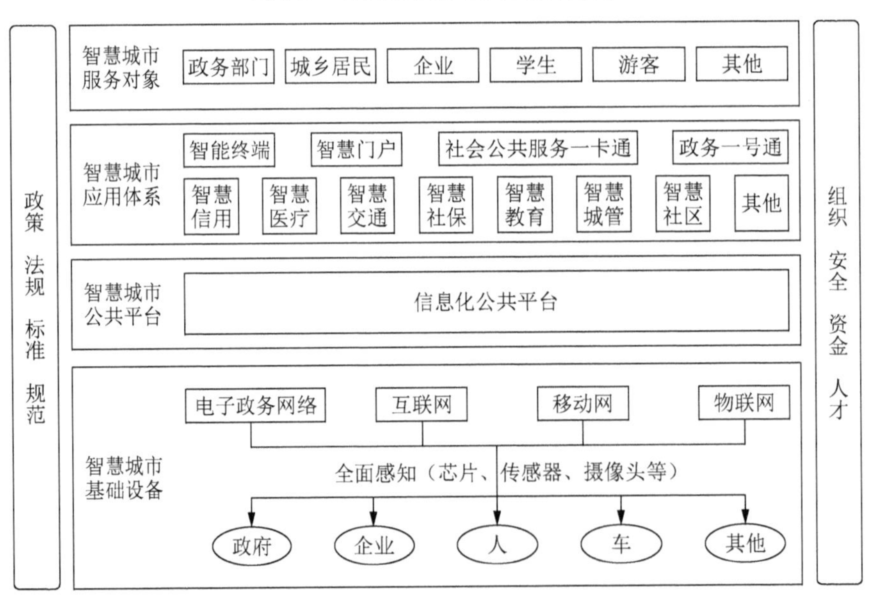

图 4-3　“数字陕西 • 智慧城市”的基本框架

4.3.3　“数字陕西 • 智慧城市”重点工程

“数字陕西 • 智慧城市”重点工程包括公共支撑工程、省级重点智慧应用工程、省市共建重点智慧应用工程、市级重点智慧服务工程、智慧产业示范工程和重要行业智慧应用工程。

1. 公共支撑工程

公共支撑工程包括信息化公共平台、基础性公共服务、宽带陕西、基础信息资源建设、智慧门户等建设项目。公共支撑工程涉及基础性、公共性和全局性的建设项目，由陕西省信息化领导小组统一规划、统一技术标准规范和建设要求，按职能权属由相关部门牵头实施。信息化公共平台建设项目包括省、市两级信息化公共平台；基础性公共服务项目包括社会公共服务一卡通示范项目、政务一号通应用项目、网络社情民意服务中心、省级智慧门户项目。信息化公共平台建设项目由省、市公共平台主管部门负责建设；宽带陕西建设项目由陕西省通信管理局牵头，各电信运营商和陕西省广电网络公司实施；社会公共服务一卡通建设项目由陕西省卫生和计划生育委员会负责业务应用实施，省工业和信息化厅负责基础设施和平台建设，相关业务部门配合；政务一号通应用项目由中共陕西省纪检委牵头，省工业和信息化厅负责基础设施建设，各级政府办配合业务应用实施；其他建设项目由陕西省工业和信息化厅牵头，相关部门配合实施。工程建成后面向全省各领域提供智慧城市业务应用支撑服务。

2. 省级重点智慧应用工程

省级重点智慧应用工程包括智慧医疗、智慧教育、智慧社保、智慧环保、智慧食品药品监管等建设项目。省级重点智慧应用工程由陕西省信息化领导小组统一规划、统一技术架构，依托省、市信息化公共平台，由省级业务主管部门牵头，省、市公共平台主管部门配合基于公共平台的部署，市级相关业务主管部门配合业务实施。工程建成后面向各相关业务部门和公众提供服务。

3. 省市共建重点智慧应用工程

省市共建重点智慧应用工程包括智慧信用、智慧交通、智慧物流、智慧安监等建设项目。省市共建重点智慧应用工程由陕西省信息化领导小组统一规划、统一技术架构和互联互通要求，依托市信息化公共平台，由省级业务主管部门负责组织协调和业务指导，省、市业务主管部门负责建设实施，市公共平台主管部门配合基于公共平台的部署。

4. 市级重点智慧服务工程

市级重点智慧服务工程包括智慧城管、公共事业消费一卡通、市级智慧门户、共享信息资源建设、智慧社区、城市应急、智慧治安、智慧旅游、智慧商贸等建设项目。市级重点智慧服务工程由陕西省信息化领导小组统一规划、统一技术规范和建设要求，依托市级信息化公共平台，由省级业务主管部门负责业务指导，市级业务主管部门负责牵头实施，市级公共平台主管部门配合基于公共平台的部署，市级相关部门配合业务实施。

5. 智慧产业示范工程

智慧产业示范工程包括全国人口处理与备份（西安）中心、国家林业数据备份中心、西部政务信息交换中心、陕西省高性能计算中心、北斗卫星导航应用示范等建设项目。智慧产业示范工程按照国家部委和省信息化领导小组建设要求统一规划，遵循相关行业标准和规范，陕西省工业和信息化厅负责组织协调和业务指导，由西咸新区管理委员会负责园区规划和基础设施配套，省信息化工程研究院负责规划设计，相关授权部门或机构负责实施。北斗卫星导航应用示范等建设项目由陕西省工业和信息化厅牵头组织协调，示范单位负责建设实施。

6. 重要行业智慧应用工程

重要行业智慧应用工程包括智慧水利、智慧能源、智慧农业、“两化”融合等建设项目。重要行业智慧应用工程作为“数字陕西・智慧城市”应用体系建设的重要内容，由省级业务主管部门统筹规划，制定相关技术规范和建设要求，依托省、市信息化公共平台，由省或市级业务主管部门负责牵头实施，省、市公共平台主管部门配合基于公共平台部署。

4.3.4 “数字陕西・智慧城市”的主要任务

1. 完善公共平台体系，共建共享智慧应用

完善电子政务公共平台，将其提升为面向城市管理、公共服务的信息化公共平台。在省、市两级公共平台基础上，建立智慧应用服务体系，通过县级平台将基础性公共服务延伸到基层。智慧应用共建共享模式是指各城市按自身条件，在全省统筹规划和顶层设计框架下，有重点地建设优势智慧应用项目，将在建设模式、推进思路、技术方案、软件功能、应用系统和管理方式等不同层面取得示范应用成果在全省范围内推广和共享，形成具有区域发展特色的智慧应用建设机制和模式。

2. 推进宽带陕西，提升智慧城市发展环境

推进宽带陕西建设，构建普遍覆盖、便捷高效的信息通信网络体系；建设和完善电子政务骨干传输网、城域网、无线通信网；大力建设物联网基础设施；发展高清电视、互动电视，实现城市数字电视网络双向化、节目高清化、内容多元化和应用互动化。

鼓励电信运营商利用网络覆盖优势广泛开展社会信息化应用，实施医疗服务、移动媒体、应急预警、手机支付等社会信息化应用。积极推进地市以下政务部门面向公众服务和社会管理开展移动政务应用，提高电子政务公众认知度和发挥电子政务公共服务的作用。

3. 开发利用政务信息资源，发展云计算和大数据产业

（1）开发利用政务信息资源。按照《陕西省政府信息公开规定》的要求开放政务信

息资源，建立政务信息资源交换、共享和授权使用机制，建立和完善政务信息比对、更新和维护机制，确保数据的有效性和服务质量。各服务机构和企业依据政务信息资源的公开属性，按政务信息资源交换和共享流程开展数据资源增值服务。

（2）鼓励各服务机构和企业按照《“数字陕西・智慧城市”发展纲要》支持的领域，依托信息化公共平台开展信息资源增值服务。公共平台为各类服务提供基础设施、信息资源交换与共享、功能构件、运行支撑、运营支撑、基础运维和安全保障。各部门和公共事业单位在业务需求引导和数据资源开放等方面，应积极支持和配合服务机构和企业开展信息资源服务。

（3）服务机构和企业开展的公益性服务，政府按业务量和服务质量给予一定财政补贴。依据政务部门和公共事业的需求开展的政务服务由部门支付相应的服务费用。服务机构和企业自主开拓市场，面向政务部门、机构、企业和个人提供的服务，按市场化原则收取服务费用。发展云计算和大数据产业。以云计算和大数据服务为突破口，以西咸新区大数据处理与服务产业园区为基地，建设全国人口信息处理和备份（西安）中心、国家林业数据备份中心、政务信息交换中心、网络社情民意调查分析服务中心和高性能计算中心，把西咸大数据处理与服务产业园区建成国家级政务信息资源汇聚地、社会信息资源集散地，形成大数据服务产业高地。

（4）发展北斗卫星应用示范。围绕卫星通信、卫星导航、卫星遥感三大领域，推进产业联盟、产业创新、公共服务等创新工程，打造卫星通信广播、北斗卫星导航终端及位置服务、北斗卫星空间基准授时等卫星应用产业链，推动北斗卫星应用产业快速发展。

4. 以服务公众为核心，全面构建智慧应用体系

围绕公共服务这一核心主题，按照智慧应用共建共享服务模式，着力推进公共支撑工程、省级重点智慧应用工程、省市共建重点智慧应用工程、市级重点智慧应用服务工程、智慧产业示范工程和重要行业智慧应用工程，以应用为突破口，整体推进智慧城市的建设。

4.4 西咸新区大数据中心对“丝绸之路经济带”的支撑

西咸新区是陕西省委、省政府实施关中—天水经济区发展规划的核心区，也是建设西安国际化大都市的关键所在。这里不仅是古丝绸之路遗迹的集中区，周秦汉唐中国古代最辉煌的四个朝代曾在这里有留下丰富的印记，而且拥有全国第八大机场、陕西省唯一的一类开放口岸——西安咸阳国际机场，航空、公路、铁路构成的立体交通网络四通八达，同时还是陕西省重要的信息产业聚集区，是承接产业转移的重要平台和城镇化的龙头。作为大西安未来发展主要增量部分，西咸新区的发展将对西安承担“丝绸之路经

济带”中心城市的地位起到重要支撑作用。本着高度的文化自觉，西咸新区从传承历史文明、建设文化西咸的角度，深入挖掘丝路文化，举行丝绸之路文化溯源活动，见证丝绸之路沿途最新的发展态势，把学术考察、文化溯源、文化遗址保护、文化产业发展融为一体。“丝绸之路经济带”建设，立足于政策沟通、道路联通、贸易畅通、货币流通和民心相通这“五通”的建设，西咸新区充分挖掘自身优势，提出要成为国家向西开放的重要枢纽，以及“丝绸之路经济带”沿线国家向东走的桥头堡和跳板。

4.4.1 西咸新区——“丝路之路经济带”新起点

1. 区位优势明显

西咸新区区域优势非常明显，特别有利于产业发展。西咸新区在空间布局上，以建设区域性中心城核心区为目标，在五个组团均衡发展的基础上构建现代田园城市格局。西咸新区五大组团，是西安市建设国际化大都市的重要组成部分。西咸新区是“丝绸之路经济带”的重要交通枢纽，具有“承接东西，连接南北”的区位优势，区域内拥有立体化的现代交通网络，与我国西部腹地的联系便捷，区位交通优势突出。西咸新区距离西安 10 公里、咸阳 3 公里，均在半小时车程内。在公路交通方面，西咸新区内分布有 8 条高速公路、3 条国省干道，构建了“南岸成网，北岸连线”的轨道交通网络。铁路方面，有 6 处大型铁路枢纽。西安咸阳国际机场是我国主要的干线机场，开辟了 136 个通航点和 269 条航线，截至 2014 年年末，旅客吞吐量达到 292 万人次，货邮吞吐量达 18.64 万吨，年增速分别达到 13.9%和 7.7%，是亚欧大陆桥的重要节点，目前有福银高速公路、沣泾大道等与之衔接。另外，空港新城作为“丝绸之路经济带”的空中起点，以发展临空经济为依托，正在积极申报西安航空城试验区。陕西省以空港新城为载体，努力把西安机场打造为中国的洲际机场，以临空经济为引领，促进航空运输业、航空物流业、半导体产业、高新技术产业、高端服务业、国际文化交流产业在这里聚集发展，成为“丝绸之路经济带”上重要的航空城基地，打造空中丝绸之路交通枢纽。

2. 自然资源丰富

西咸新区自然资源丰富，为产业发展提供了基础性动力。西咸新区在西安和咸阳之间，属关中平原，地势平坦，背靠秦岭，与咸阳一道是全省粮食和经济作物主要产区，盛产粮食、蔬菜、花生等；光照条件优越，拥有丰富的原盐、石油、天然气、地热等资源。目前，西咸新区已依靠自然资源优势建成了张裕葡萄酒庄、秦龙现代生态智能创意农业园，丰富的农业资源为都市农业的发展提供了重要的基础。西咸新区的自然旅游资源以山水观赏资源为主，辖区内有渭河、沣河、泾河，有秦岭北麓、湿地等区域生态环境。

3. 历史文化厚重

西咸新区文化资源丰富，区域内分布有周、秦、汉等八个朝代的历史遗迹，包括大秦帝国都城遗址和九座西汉帝陵廊道，周、秦、汉陵墓及各种古墓葬、古遗址、古建筑等120多处，被誉为“中国的金字塔群”。

4. “一带一路”为西咸新区产业发展创造了历史性机遇

“一带一路”是指“丝绸之路经济带”和21世纪海上丝绸之路，涉及范围包括沿线44亿人口，约占全球人口的63%；经济总额达到21万亿美元，约占全球经济总量的29%，将成为世界上最具发展潜力的国际经济大走廊。西咸新区作为“丝绸之路经济带”的起点，有利于实现中国经济与周边国家的对接，为我国打开向西发展的门户；有利于各区域间互通有无、优势互补，从而带动沿线地区产业发展，加速区域经济一体化。

5. 西部大开发和关中—天水经济区为西咸新区产业发展奠定了基础

西部大开发战略实施以来，极大地改善了西部地区的投资环境。西安地区是西部大开发战略的重要组成部分，这为西咸新区建设提供了大环境。2009年国务院批复，成立包括陕西省关中平原地区及甘肃省天水地区共六市一区的关中—天水经济区。关中—天水经济区强化了西部大开发战略的落实，扩大了经济发展规模和西部地区的投资规模。西咸新区是关中—天水经济区的核心区域，肩负推进西安、咸阳一体化进程的重大使命，这些政策的实施为区域产业发展提供了充足的动力。此外，国家针对承担国际化大都市的主城功能、引领内陆型经济开发开放战略高地、统筹科技资源等任务的西咸新区出台了一系列优惠政策，也将极大地促进其内外环境的改善，进一步促进其产业发展。

6. 经济新常态下的产业转移为西咸新区产业发展提供了重要机遇

随着经济的快速发展，全球化速度加快，西咸一体化的主体功能区也逐渐融入世界经济一体化发展的格局，产业发展开始超越国界和地域。随着我国核心竞争力的增强，跨国公司纷纷来华投资。同时在国内，沿海工业城市劳动密集型产业逐步向中西部地区转移，地域梯度转移的趋势日益明显。西咸新区作为西部地区重点建设城市新区，在这种大背景下，其产业发展面临重大契机。

7. 西安国际化大都市建设进一步提升了西咸新区产业发展的地位

建设西安国际化大都市，对于西咸新区产业发展影响深远。西安是中国联结中亚、西亚地区进而实现亚欧经济融合的重要枢纽城市，所以它必须强力整合科技资源，促进地区经济大发展。《西咸新区总体规划》的出台，明确了西咸新区与西安市的对接，使西咸经济一体化发展更加明朗。西安在努力建设科技创新资源聚集基地的同时，推进西咸新区的科技资源统筹，推动西咸新区依托科技创新资源迅速发展。

8. 区域一体化发展为西咸新区产业发展提供了新的思路

区域一体化发展，形成区域城市群，已成为提高区域竞争力的必然要求，在实践中也得到了广泛认可。珠三角、长三角及京津冀都市圈等，这些地区的发展都已渐趋成熟，为其他地区的发展提供了良好的借鉴对象，现在我国又形成了关中城市群、成渝经济区等多个经济协作区域。不仅如此，国家为了促进一些地区优先发展，成为新的增长极，批准成立了多个新区、开发区，西部地区目前有兰州新区和西咸新区。这些新区和城市群是在地区间产业分工基础上形成的经济一体化的结果，有利于充分发挥区域优势，增强区域经济实力。

总之，西咸新区以项目为依托，围绕“拉开骨架、对接主城、提升环境、体现概念、产业起步”的开发建设思路，各项建设稳步推进。其中，一批与“丝绸之路经济带”密切相关的项目已经在西咸新区初现雏形。作为丝绸之路起点区域的重点城市新区，西咸新区在深入研究自身特点和丝绸之路沿线国家发展态势的基础上，以开放带开发，提出“新丝路、新起点，打造向西开放重要枢纽”。通过具体的项目开发，打造四个枢纽：一是依托机场，申报国家级空港城市，打造空中丝绸之路枢纽；二是依托沣渭三角洲，建设丝路能源金融贸易中心，成为未来大西安的市中心，打造金融贸易枢纽；三是以沣西信息产业园为载体，打通向西开放的信息通道枢纽；四是以国际文教产业园为载体，打造向西开放的文化教育交流枢纽。

4.4.2 西咸新区信息产业和大数据产业集约发展初步形成

2012 年，陕西省工业和信息化厅及西咸新区按陕西省委、省政府的部署率先在全国提出发展大数据产业并发布陕西省大数据产业发展战略，致力于打造“产业基地＋行业云＋大数据交易所＋产业基金＋产业研究院＋产业联盟”六位一体的大数据产业发展格局。目前，陕西省大数据产业生态体系建设初具形态，成功打造了产业生态体系。沣西新城的服务器规模、带宽和数据资源、商业模式已位居全国前列，信息产业和大数据产业集聚、集群、集约发展的态势初步形成。

作为国内首家大数据处理与服务专业园区的沣西新城大数据产业园将以应用为导向，确保到 2020 年建成 2～3 个百亿元级龙头企业，实现园区产值 500 亿元，从业人员超过 10 万，成为国家政务信息资源聚集地、社会商务资源集散地和西部超算中心。

1. 打造国家级大数据产业基地

沣西新城大数据产业园以实现数据的规模化集中吞吐、深层次整合分析、多领域社会应用、高效益持续增值为重点，建设国家政务资源后台处理与备份中心、国家级大数据处理中心。2012 年 9 月 24 日，全国人口数据处理与备份（西安）中心落户沣西新城。随后，国家统计大数据处理中心、中国林业云服务平台灾备和处理中心、全国工商联信息化服务平台等多项国家部委重大项目及三大运营商数据中心相继落户沣西新城。2015 年 3 月，中国联通西安数据中心在沣西新城正式投入运行。2015 年 3 月，沣西新城成功获批国家新型工业化（大数据）产业示范基地，成为全国唯一一个以大数据产业为主导的国家新型工业化产业示范基地。中国气象（西安）大数据应用中心等项目已确定落户陕西省，正在加快推进选址工作。

2. 众筹、众创建设陕西工业云

按照政府引导和市场主体原则，陕西省工业和信息化厅会同西咸新区、陕西省通信管理局共同发起，以众筹、众创方式建设陕西工业云，汇集软件服务商、工业软件知名厂商等百家资源，实现陕西省工业大数据的汇聚、发布及应用。2015 年 5 月 22 日，陕西工业云中心成立并挂牌，包括美国 Autodesk 公司、德国西门子公司、韩国三星 SDS 数据公司以及中国航天科工集团第二研究院、北京数码大方科技股份有限公司等国内外知名软件服务商正在商谈合作，20 户服务商已签约入驻。2015 年 8 月 28 日，陕西工业云正式上线。目前，陕西工业云合作伙伴共有 48 家，已上线云资源、云智囊、云应用、高性能计算、工业协同设计 5 个大类 33 项业务，服务企业 65 家。

3. 城市信息融合示范推进

咸阳市通过省级智慧城市综合试点、国家发改委信息惠民试点、工业和信息化部信息消费试点、住房和城乡建设部智慧城市试点、国家测绘地理信息局时空信息云平台试点，已基本建成一站通、一号通、一卡通、一网通、一格通和一点通等应用项目。在此基础上，加大现有信息系统整合力度，深入推进政策融合、技术融合和数据融合，促进大数据深度开发和利用。

4. 计算支撑——陕西省高性能计算中心

大数据产业发展离不开高性能计算中心的计算支撑。建设高性能计算中心，可提供大数据处理与分析能力，为政务信息分析处理、人口信息宏观决策、林业数据资源挖掘分析、社会舆情分析等在内的各领域大数据应用提供计算支撑。2013 年 8 月，陕西高性能计算中心正式投入运行，目前已为近 70 家省、市级党政机关单位提供计算支撑。

5. 数据交易——西咸新区大数据交易所

2015 年 8 月 28 日，由西咸新区、陕西省信息化工程研究院和西安美林数据技术股份有限公司联合成立的西咸新区大数据交易所正式挂牌，这是国内首个围绕“一带一路”倡议建立的大数据交易平台。该大数据交易所面向全国，提供数据服务和交易服务，可促进数据流通，规范数据交易行为，带动大数据清洗、挖掘和应用等相关产业的发展。

6. 杠杆放大——陕西大数据产业创新投资基金

通过金融杠杆，可以优化投资资源，吸引企业聚集，扶持和引导企业的大数据创新活动，培育一批拥有大数据关键技术的企业，带动和保障陕西省大数据产业健康、稳定、快速发展。在陕西省工业和信息化厅的推动下，2015 年 8 月 28 日，由陕西西科天使投资基金、沣西新城管委会等发起成立的陕西省第一个大数据产业创新投资基金正式签约。该基金每年可支持和培育约 50 个大数据企业和创新项目。

7. 产业联盟和研究院相继成立

2014 年 5 月 23 日，陕西省大数据产业联盟成立，将致力打造陕西省大数据与云计算技术产业链、创新链和服务链，探索建立长效稳定的产学研合作机制，突破产业发展的核心技术，形成产业技术标准，搭建有效的合作交流平台。2015 年 8 月 28 日，由陕西省信息化工程研究院、沣西新城管委会牵头组建了陕西省大数据产业研究院，将做好陕西省大数据产业顶层设计，制定标准规范，突破技术瓶颈，促进陕西省大数据产业的快速协调发展。

8. 大数据企业快速成长

近年来，陕西省涌现出了西安美林数据技术股份有限公司（以下简称“西安美林数据”）、西安银河数据技术有限公司（以下简称“西安银河数据”）、陕西西部资信股份有限公司、陕西万盛达信息科技有限公司、陕西云基华海信息技术有限公司（以下简称“云基华海”）、西咸新区大数据信息技术服务有限公司等一批大数据企业。西安美林数据拥有自主产权的 TEMPO 大数据平台，提供应用一体化的数据分析、数据集成、管控和数据应用服务。西安银河数据建成了国内最大的社情民意信息收集和分析处理系统，已为陕西省 60 多个政府部门提供舆情数据服务。云基华海与西安电子科技大学成立大数据应用工程研究中心，专注于大数据处理平台，为政府和行业提供数据集中、数据开放和智能决策分析等业务支持。政府部门在公共服务、社会治理、产业发展和宏观调控工作中对数据分析的需求日益强烈，购买数据服务的意识明显增强。

4.4.3 西咸新区打造国家新型工业化产业示范基地

作为我国首个以“创新城市发展方式”为主题的国家级新区，同时也是国家发改委批准的国家云计算服务创新试点示范区，西咸新区重任在肩。而位于沣西新城的西咸新区信息产业园，从 2012 年起就已经开始创新探索。园区以建设“国际知名、国内领先的国家级信息产业基地和大数据处理中心”为目标和定位，按照“三步走”发展战略，以微软项目和四大运营商等龙头项目为核心，建设大数据产业网络传输平台和信息资源集聚区，初步建成陕西信息服务产业基地；以软件研发为核心，建设信息设备制造中心，建成陕西软件研发总部基地；未来将建成国家级信息产业园和大数据处理中心。

1. 以国家政务基础数据为核心

目前园区已基本建成全国人口信息处理和备份（西安）中心、国家林业数据备份中心、西部政务信息交换中心、网络社情民意服务中心和高性能计算中心，同时已承接人力资源和社会保障部“金保工程”、财政部“金财工程”、国家统计局西北统计中心等部委和中央企业的数据中心及灾备中心落户，形成和带动大数据相关配套服务业发展。未来，园区将围绕国家政务基础数据的上下游产业流入，形成以政务大数据服务为核心的高黏性信息服务产业生态。

2. 积极发展社会大数据

围绕社会大数据发展，园区已集聚了微软公司、四大运营商（中国联通、中国电信、中国移动、广电网络）、太极股份智慧城市、九州通医药电子商务创业园、宇培电子商务运营中心等一批优质项目，吸引了未来国际、中国软件、巅峰软件等30多家上下游配套企业，并与多家世界知名IT企业达成合作意向。

3. 共建西部科技创新港

园区正积极推进与西安交通大学共建中国西部科技创新港项目，建设集科研、教育、转孵化、综合服务配套于一体的智慧学镇。重点从科技资源共享、合作研究开发、科技金融支持、综合服务平台建设等方面入手，通过建立资源共享网络、创办研发实验基地、组建技术转移联盟等举措，为科研成果的市场应用提供动力。

4. 搭建创新创业平台

产业园搭建的创新创业平台已吸引了来自全国的“小伙伴”来此创业，目前，园区已初步建立起以云计算基础设施、软件研发、信息资源服务业为支撑，以大数据应用服务为基本业态，以数据增值化服务为产业核心的大数据产业集群化发展模式，依托大数据研究院、大数据产业基金和大数据信息公司，构建大数据产业链，建设创业孵化器，打造全省创新创业新高地。

5. “互联网＋”无处不在

信息产业园获批国家新型工业化产业示范基地，这只是西咸新区发展的一个缩影。位于沣东新城的菜鸟网络西北核心节点项目是阿里巴巴集团建设的中国智能骨干网络中，以西安为核心，服务整个西北区域的物流、信息、金融及电商产业中心；泾河新城陕西关天云谷产业园是陕西省唯一拥有云计算管理、操作、运营和施工资格的官方平台，隶属国家产业公共服务平台序列；沣东新城统筹科技资源改革示范基地在政策和制度上也将会进行小范围内的试点创新，帮助企业转化（转移）科技成果，推动科技成果优势向经济优势转变，最终将科统区打造成全国一流的科技创新中心。

另外，秦汉惠普文创、沣西微软、淘宝大学等拳头产品，也正让“互联网＋”在西咸新区落地生根。对于“互联网＋”产业的发展态势，西咸新区相关人士表示，西咸新区作为“丝绸之路经济带”起源地的重要区域，利用西安市IT产业实力，建立大数据服务与应用平台，有效聚合大数据产业链企业，在推动大西安地区和关天经济区建设的基础上，探索一条以大数据与云计算发展助推区域融合发展的新道路，这些无疑将大力推进服务“丝绸之路经济带”建设与发展。

4.5 安全科技对“丝绸之路经济带”的支撑

4.5.1 信息安全对“丝绸之路经济带”的支撑

“没有网络安全，就没有国家安全。”这是2014年习近平总书记提出的重要论断。2015年4月19日，在网络安全和信息化工作座谈会上，习近平总书记提出要尽快在核心技术上取得突破。在保护网络安全方面，陕西省多家企业拥有技术“重器”。

1. 遍布全球的芯片技术

据统计，全球有50亿颗芯片用的是西安西电捷通无线网络通信股份有限公司（以下简称“西电捷通”）的技术。在这个领域中，该公司已经有了十几年的技术经验，所做的正是习近平总书记所说的核心技术中的基础技术。他们的工作是把基础技术嵌入设备中间，属于基础性网络安全创新。前些年发生的斯诺登事件暴露出一些国家在技术上蓄意留“后门”，对使用这些技术的其他国家非常不利。而具有自主知识产权的技术进入越多的通信设备，对于我国的国家安全来说就越重要。目前，西电捷通的技术被8项国际标准采纳，另有20多项技术被国家标准采纳。在网络通信、信息安全、自动识别三个技术领域，该公司实现了中国零的突破。

2. 与国家安监总局合作的“互联网＋智慧安监”深度融合技术

西安交大捷普网络科技有限公司目前拥有5个大类24款系列信息安全产品，应用在政府、金融、教育、企业等行业和企事业单位的信息系统中。总裁郭亚东说，该公司与各大高校、机构保持密切的沟通合作，目前已牵头成立了陕西网络信息安全研究院和西安网络信息安全产业联盟，促进企业、机构和高校之间的经验交流、资源共享。

陕西山利科技发展有限责任公司是一家根植本土的高科技民营企业，创立以来一直致力于行业信息化建设及技术服务。目前承担着西北地区军工科研院所、军队、装备制造业、政府、金融等领域的多项信息化建设工程。在安全生产领域，该企业与国家安监总局共同合作，实现了“互联网＋智慧安监”的深度融合。该公司结合国家安全生产领域法律法规，利用物联网技术，结合大数据、移动互联，构建企业级、政府级安全生产监管平台，实现政府、企业对安全生产管理与安全生产监管的实时同步。

3. 保障性的电子认证与安全测评技术

电子认证和安全测评是互联网安全非常重要的两个方面，陕西省数字证书认证中心和陕西省网络与信息安全测评中心分别承担着这两个方面的重要职责。陕西省数字证书认证中心是国内首批设立的第三方数字认证机构之一，也是陕西省唯一的数字认证机构。目前，已建成陕西省电子政务内外网电子认证体系和互联网电子认证体系；形成服务于全省的电子认证服务；先后在西安、延安、榆林、咸阳、铜川、宝鸡六个市的工商、税务、住房公积金、质监、证券等部门建立相应的电子认证、安全认证支撑平台。在省级电子政务领域，省公文传输系统已实现省、地市、区县三级各部门间公文的无纸化传输和办公的安全需要。

陕西省网络与信息安全测评中心承担的“面向电子政务的信息安全风险评估专业化服务项目”，获得国家发改委信息安全专项资金支持，被列入2010年国家高技术产业发展项目；“陕西省政府网站绩效评估研究及应用项目”被评为2012年度陕西省科学技术奖三等奖；合作申报的“云计算安全关键技术验证与攻防平台项目”，被评为2015年度陕西省科学技术奖二等奖；牵头承担了《信息安全技术 智慧城市网络安全评价方法》国家标准的编制；参与了《网站可信评估指标》《网站可信标识规范》等国家标准编制。

4.5.2 反恐科技对“丝绸之路经济带”的支撑

“丝绸之路经济带”建设是一项长期的系统性工程，不仅需要相关国家政府之间达成战略共识，而且需要相邻地区政局稳定。反恐怖斗争事关国家安全，事关人民群众切身利益，事关改革发展稳定全局，是一场维护祖国统一、社会安定、人民幸福的斗争。“丝绸之路经济带”是一个跨越多国的经济合作带，伴随着“一带一路”倡议的进一步实施，国家之间的关系将会更加紧密，而随着国家间交往的日益密切，“三股势力”等可能会就此搭上便车，对我国的国家安全以及“一带一路”倡议的实施造成威胁。在此形势下，如何维护好中国的国家安全，为“一带一路”倡议的实施提供安全的国际环境就显得越发重要。陕西省有多家反恐科技高新技术有限公司，能有效打击“三股势力”，为“丝绸之路经济带”建设保驾护航。

1. 政务云服务技术

2009年，西安未来国际信息股份有限公司在国内率先将云计算技术引入政府信息化领域，成为国内政府云服务的先行者。该公司总裁史晨昱介绍，公司牵头或参与制定了上百个国家、行业和地方标准，拥有上百种自主知识产权技术产品，掌握安全云计算服务核心技术。目前，该公司正在构建跨地域、跨行业、面向全国各地政府部门、行业商会（协会）、国有大中型企业和中小企业的公共云服务，打造“安全可信”的政府云。“我们还是国家卫计委、国家林业局、财政部、全国工商联等多家单位和机构的大数据服务提供商。可以根据大数据分析，为政府部门提供反恐情报、公共突发事件决策指挥、阳光政务等互联网服务，还可以对网络安全等情况进行预测。”史晨昱介绍，他们正与国家及各地方卫计委合作，建设人口健康服务平台，向公众提供包括居民健康档案、电子病历、社区卫生服务、家庭医生服务、医药直送服务等在内的“一卡通”“一站通”健康服务。部、省共建的全国人口健康数据处理与备份（西安）中心，预计将于 2018 年建成。

2. 安全系统集成技术

陕西昱鑫科技发展有限公司专业从事安防、技防、消防、人防、公共应用安全行业的系统项目集成及行业软件产品的定制开发，是集技术研发、产品生产、销售与服务，以及公安、武警、军队特种车辆加（改）装、车辆检测于一体的现代化高科技企业集团。该公司拥有实力雄厚的科研力量，已推出一系列反恐装备、单警设备、无人机、排爆机器人等高科技产品。2011 年，陕西昱鑫科技发展有限公司通过了陕西省工业和信息化厅关于软件企业的审核，并获得软件企业认定证书和软件产品登记证书。该公司开发的印章治安管理信息系统取得了公安部防伪产品质量认证中心检测报告，并被公安部治安管理局确定为推荐单位，获得了国家版权局颁发的计算机软件著作权登记证书。2015 年 8 月，该公司研发的大秦印章 APP、易签通信息安全平台已正式上线。这两款产品的问世，意味着该公司在安防领域又一次成功占领了市场制高点，开启了电子商务安全的新时代。

3. 无人机应用技术

陕西北宸航天科技有限公司是一家行业用户无人机及应用服务提供商，以“专注创新服务”为企业经营理念，致力于为客户提供专业的产品和服务。产品应用于警用反恐、消防救援检测、影视航拍、电力线牵引布线和国土资源勘测等。该公司所研发的警用反恐无人机系统 BCA-Y6 是一款可垂直起降的 6 轴无人飞行救援系统。该系统可协助武警部门执行突发现场的喊话威慑、强光驱离、视频取证及催泪瓦斯定点投放等任务。此外，陕西省还有一些企业在不断研发高新的反恐科技产品。

近年，陕西省在支持中国电子科技集团公司（简称中国电科）第二十、第三十九研究所与太极计算机股份有限公司开展合作中安排专项经费 1148 万元，支持中国电科（西安）信息产业园建设基于北斗卫星的通用航空通信导航监视与空中交通管理系统，该系统的建成大力推动了陕西省反恐科技的发展。此外，以西安工业大学为依托，联合西北兵工局、北方光电集团以及中国兵器工业集团第 203、204、212 研究所等优势资源，筹组西北兵器工业民用技术研究院，为陕西省今后的反恐科技发展奠定了基础。

总之，“丝绸之路经济带”建设作为一项重要工程，对于国家的发展至关重要，陕西省作为“丝绸之路经济带”的重要省份，需要切实保障“一带一路”倡议的实施，因此，为“丝绸之路经济带”建设提供安全环境就显得尤为重要。陕西省在以下两个方面已经取得了一定成果。

首先，在信息网络安全方面，遍布全球的芯片技术、为反恐和应急指挥提供情报的“大数据分析”技术、与国家安监总局合作的“互联网＋智慧安监”深度融合以及保障性的电子认证与安全测评技术等，展示了陕西省安全科技的发展。

其次，在反恐科技方面，反恐装备、单警设备、无人机、排爆机器人等高科技产品的问世，警用反恐无人机系统 BCA-Y6 的研发，都展示了陕西省在反恐科技研发中做出的努力与成绩，有力地支撑了“丝绸之路经济带”的发展。

另外，支持中国电科（西安）信息产业园建设基于北斗卫星的通用航空通信导航监视与空中交通管理系统的举措，支持军民融合创新，部署军民融合产业基地、军民融合众创空间，发展军民融合高新技术产业集群，探索建立军民融合航空发动机研发平台等措施，都彰显了陕西省大力发展高新反恐科技装备，为“丝绸之路经济带”建设保驾护航的决心。

创　新　篇

第5章

5 “丝绸之路经济带”背景下陕西省信息服务业生态系统研究

5.1 陕西省信息服务生态系统的构成要素

探讨信息服务生态系统的构成要素并构建信息服务生态系统结构模型是国外诸多学者研究的重要内容。信息服务生态主体、信息服务生态环境与信息服务生态链共同构成了信息服务生态圈，也就是信息服务生态系统。

5.1.1 信息服务生态主体

1. 信息服务机构

信息服务机构是指向信息用户提供各类信息服务的单位或组织。现代信息服务活动在内涵和形式上都十分丰富，所以信息服务机构提供的信息服务业务范围也非常广泛。信息服务机构提供的信息服务包括信息传递与交流服务、信息加工与发布服务、信息检索与信息提供利用服务、信息咨询服务等。从提供的信息服务业务来看，信息服务机构主要包括：①通过收集、存储、处理各种信息，并向用户提供所需数据和信息的信息存储机构，如数据库服务机构、图书馆、文献信息中心、档案馆等；②提供大众信息传播服务的信息传播机构，如新闻通讯社、广播电视台、报刊社、出版社、广告机构等；③利用信息人员的知识和智力提供信息咨询服务的信息咨询机构，如信息中介机构、市场调查与研究机构等；④为信息交流提供通道、场所的信息传递机构，如邮政部门、电信部门、通信部门等；⑤提供信息技术服务和信息设备维护服务的信息技术服务机构，如系统集成机构等。

2. 信息生产者

信息生产者是创造和生产新信息的个人或组织。信息生产者通过对自然信息和人类社会信息的收集、整理、加工，形成智力型研究成果，即生产新的知识型信息。信息生产者包括管理决策机构与管理人员、科研机构和科研人员、技术开发机构与技术人员、高等学校及其教师等。随着网络技术的发展和普及，信息生产者的队伍日趋壮大。在信息服务生态系统中，信息生产者是信息服务机构的信息来源，是信息服务生态系统中不可缺少的。

3. 信息用户

信息用户（或称信息消费者）泛指一切通过正式或非正式信息交流活动汲取信息的

个人或团体。信息服务生态系统中的信息用户是指从信息服务机构获取信息的用户，是信息服务机构的服务对象，也是信息服务机构生存和发展的源泉。按其组织形式不同，信息服务机构的用户可分为个人用户和团体用户两大类，个人用户以个人名义利用信息服务机构；团体用户以单位、小组等名义利用信息服务机构。按其契约关系不同，信息服务机构的用户可分为正式用户和非正式用户两大类，正式用户在信息服务机构登记办证，经常性利用信息服务机构；而非正式用户则不需要向信息服务机构申请登记办证，只是凭有效证件临时利用信息服务机构。

4. 信息监管者

信息监管者是对信息服务及其信息利用活动进行监督和管理的组织和个人，如新闻出版局、档案局、科技情报局等。信息服务的开展关系到社会的运行、管理和服务对象的利益，因而是一种置于社会控制之下的社会化服务，信息服务业务的开展受到国家政策的直接导向和法律法规的严格约束。信息监管者的任务是对信息生态系统中的不良信息进行清除，对信息生态系统中的不法行为进行阻止。

5.1.2 信息服务生态环境

对信息服务生态主体的生存和发展有直接或间接影响的因素称为信息服务生态因子。所有的信息服务生态因子的集合构成信息服务生态环境。信息服务生态系统以外的环境称为外部环境或社会环境。信息服务生态因子多种多样，按功能进行划分，可分为以下四类。

1. 信息本体

信息本体是指信息本身，即由信息内容和信息载体构成的实体。在自然界和人类社会，存在着各种各样的信息。按其发生领域不同，信息可划分为无机信息、生物信息和社会信息。按其载体和存储方式不同，信息可划分为天然型信息、实物型信息、智力型信息、文献型信息和网络型信息。按其内容性质不同，信息可划分为政治信息、法律信息、科技信息、经济信息、管理信息等。按人们对其内容的加工深度不同，信息可划分为零次信息、一次信息、二次信息和三次信息。信息服务生态环境的优劣在很大程度上取决于信息资源的建设程度。信息本体是信息服务生态环境的核心因素和关键因素。

2. 信息技术

广义而言，凡是能用于信息的产生、识别、获取、变换、处理、存储、显示、传递、利用和反馈活动，可扩展人类信息器官功能的技术都可以称为信息技术。信息技术有传统信息技术和现代信息技术之分，传统信息技术是基于人工和机械技术的信息技术，如手工信息编目技术、穿孔卡片检索技术等；现代信息技术是建立在微电子学基础上并以计算机技术为代表的信息技术，如计算机自动标引技术、网络信息检索技术、数据库技术、知识挖掘技术等。

3. 信息时空

信息时空包括信息服务生态主体活动的时间和空间。信息服务生态主体开展信息供应、信息服务和信息利用活动都必须占用一定的时间和空间。信息活动时间包括信息服务机构的业务处理时间和向用户开放的时间、信息用户利用信息服务机构的时间和消化吸收信息内容的时间等。信息活动空间包括信息服务生态主体所在地以及信息服务生态主体获取信息、传递信息和提供信息服务的空间，既指实体空间，也指网上虚拟空间。

4. 信息制度

信息制度是被制定出来约束信息服务生态主体行为的规则，包括信息政策、信息法律、信息标准、信息伦理等。

5.1.3 信息服务生态链

信息服务生态链是指在信息服务生态系统中，以信息服务机构为中心，由参与信息生产、信息收集、信息组织、信息传输、信息提供、信息利用等活动的多种类型信息服务生态主体组成的、具有信息流转功能的链式依存关系。信息服务生态链的基本结构如图 5-1 所示。

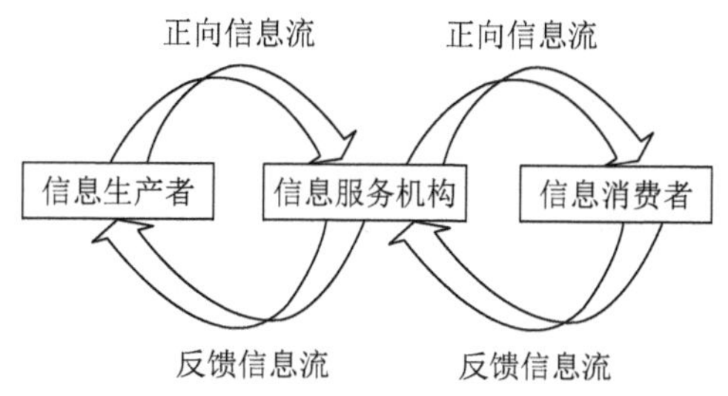

图 5-1 信息服务生态链的基本结构

信息服务生态链概念的提出是基于信息生态链和信息服务业的概念。信息生态链是存在于特定的信息生态中的，由多种要素构成的信息共享系统，包含信息、信息人和信息环境等基本要素，具有空间结构特征、时序变动特征和管理特征。信息服务生态链是根据生态学原理构建的一种资源整合范式和信息服务组织创新机制，旨在有效配置各种资源、协同各方力量以达到各要素最优执行效果。

信息服务生态链的形成和进化是链内和链外各相关因素共同作用的结果，需要各参与主体之间的协同配合形成的合力进行推动。同时，信息生态环境的支撑和保障作用也不可低估。因此，激发信息服务生态链各主体的主观能动性，优化信息服务生态链组织结构，并不断改善信息服务生态环境，促进信息的生产与传递、消费的适度与适配，可以有效维持信息服务生态链的动态平衡及功能、价值的实现。

信息服务生态链的成长有赖于链内各要素组成良性循环的生态系统，建立起基于信息需求和利益诉求的共赢互利的商业模式以及稳定的商业价值网络关系。它是一个结构不断完善、功能逐渐完备、生态效益趋于合理的过程。

5.2 陕西省区域信息服务生态系统结构模型

针对目前陕西省信息服务机制缺乏有效交流平台、企业规模小，竞争力不足、产业集群弱、缺乏话语权等不足，以及不能满足用户个性化需求等现状，本书建立了基于云计算和个性化信息推荐的陕西省区域信息服务生态系统模型，如图 5-2 所示。

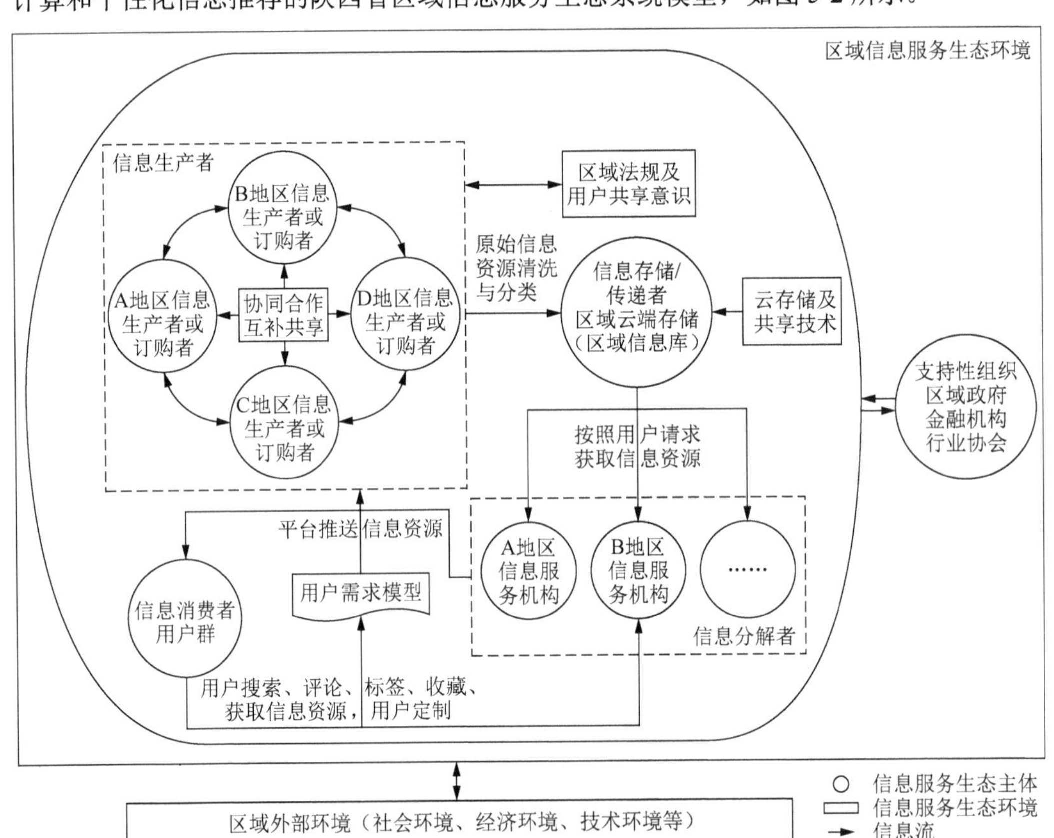

图 5-2 陕西省区域信息服务生态系统的结构模型

该模型虽然在一定程度上考虑并解决了信息共享问题，但是区域内信息主体的共享意识和共享意愿的培养问题，信息资源知识产权问题，数据隐私、数据泄密问题等仍亟待解决。同时，政府政策的支持与重视、法律法规的健全与完善、企业自主创新能力的提升等均有助于模型的实现。

5.3 陕西省区域信息服务生态系统优化途径

信息服务生态系统是一个复杂的动态系统，信息服务生态系统平衡是指信息服务生态系统各组成部分之间协调互补，系统结构优化、功能良好的一种相对稳定状态。它是通过信息服务生态主体的个体调控、信息服务生态系统的环境优化、信息服务生态链的高效传导机制及信息服务生态系统的结构调控实现的。

5.3.1 提高主体信息素质，加强信息意识培养

提高信息服务生态主体的信息素质及信息服务能力，以增强信息服务生态主体对信息服务生态环境的适应性及提高主体对信息资源的转化效率。信息服务生态主体调控的主要方式是充分发挥信息服务生态主体的主观能动性，通过在信息意识、信息素质、信息服务能力等各个方面的自我提高与完善，增强其竞争优势，并逐渐成为信息服务生态系统中的"优势种"。随着社会的进步与信息技术的发展，信息服务机构应当培养其敏锐的信息意识，最大限度地占有本机构所需要的信息资源，利用先进的信息技术，提高其信息服务能力，向信息用户提供高水平、高质量的信息服务，以适应信息服务生态环境的变化。信息用户应当提高信息素质，充分获取和消化信息服务机构提供的信息服务产品，从而提高信息吸收率与信息产出率。

5.3.2 合理配置信息资源，全面实现共建共享

政府应运用其行政强制力和影响力对信息资源的流动和共享进行管理，使其在不同的部门和领域发挥作用；建立政府和市场相结合的信息资源配置机制，从整个地区乃至国家的全局高度，对信息资源进行整体规划、合理布局与有效配置，解决区域发展不平衡、信息资源分布不均、信息贫富差距扩大等问题；建立数据资源管理中心，打破地区、部门和行业之间的条块分割，解决信息资源分布不均的问题。

5.3.3 大力发展信息技术，增强技术抗污能力

目前先进信息技术主要被发达国家所垄断，因此必须坚持技术引进与自力更生相结合的原则，加快发展民族信息产业，拥有自己的核心技术；加大对核心信息技术的研发力度，在提升信息技术的基础上，制定相关技术标准和软件标准并强制执行；进一步研究和开发各种形式的信息检索工具和检索技术；加快宽频带、高速率的通信系统研究，增大信息传输容量和传输速率，缩短信息流转周期；加快人工智能技术的研究，实现计算机自动分类和标引；继续发展各种类型的数据库技术，研究和开发数字化信息的筛选、过滤、检查技术。信息服务生态主体可以通过信息传输技术、信息存储技术、信息过滤

技术、信息安全技术（防火墙、杀毒软件）、信息开发技术、信息加密技术等多方面的技术创新，来加强信息服务生态主体的信息技术装备、加强网络空间的技术管理，依靠技术创新，构建一个自由开放、富有自身净化功能、可持续发展的信息服务生态环境。

5.3.4 强化政府主导作用，完善信息制度建设

完善信息政策与法规，是保证信息服务生态环境健康发展的必要手段。信息政策与法规对信息服务生态环境的发展具有一定的导向作用、协调作用和管理作用。首先，政府应从行政立法的高度规范信息市场，完善信息审核机制，构建信息化产业的法律体系框架。其次，政府应把信息服务生态环境建设纳入社会发展的整体规划，从宏观角度出发，合理增加信息基础设施建设方面的投入，并在此基础上，鼓励信息技术的开发和创新。

5.3.5 健全信息伦理规范，构建信息安全体系

加强信息伦理规范的构建，利用强大的道德伦理准则对信息服务生态主体形成道德压力，增强信息服务生态主体的自觉和自律。信息伦理不是由国家强行制定和强制执行的，而是依靠社会舆论的力量，依靠人们的信念、习惯、传统和教育的力量来维持的。信息伦理可以对各种信息行为进行调节，使之符合信息社会基本的道德要求、道德准则和道德规范。

维护信息服务生态环境安全应采取以下措施：第一，建立技术标准和规范，如计算机安全标准、网络安全标准、操作系统安全标准、数据和信息安全标准等。第二，建立和制定规章制度和职能机构。第三，制定技术安全措施。技术安全措施是信息安全的重要保证，包括数据安全技术、软件安全技术、病毒防治技术、防火墙技术、入侵检测技术、访问控制技术等。

5.3.6 合理运用经济手段，规范信息流通环境

正确处理信息服务生态主体之间的经济关系，加强对信息资源的管理，确保其合理地开发与利用。在信息服务生态环境中引入市场机制，对那些安全可靠的信息资源，在进行科学合理的评估后推向市场，以生态购买的方式来保证信息的可靠性和纯洁性。同时，在对信息市场进行规范管理时，明确责、权、利的划分。首先，要充分利用经济成本原则，保证信息生产者的合法权益，通过适当加大对信息犯罪的经济惩罚来提高信息非法者制造信息犯罪的经济成本，使其支付的成本远远高于所获利润，用经济的手段自动调节信息平衡。其次，要强化信息市场管理，规范信息流通环境。确定专门的管理机构，建立信息市场制度及信息产品价格和质量监督制度，从而协调、管理和监督信息市场的交易和运转，保证信息产品的生产和流通受到法律的保护，以维护信息市场的正常秩序和健康发展。

综上所述，面对复杂的信息服务生态系统，激发信息服务生态主体的主观能动性和

创造力，提高其信息素养及共享意识，以促成各参与主体之间的协同配合与创新，形成合力共同推动系统的平衡和可持续发展。同时，信息服务生态环境的支撑和保障作用不容忽视，应强化政府的主导作用，建立和完善信息制度，建立信息需求与利益需求互利共赢的商业模式创新体系及稳定的价值网络关系，将有利于陕西省信息服务生态系统结构的不断完善，功能的逐步完善，生态效益的可持续。

第6章 6 “丝绸之路经济带”背景下陕西省信息服务业商业模式创新研究

对于企业，每一次商业模式的革新都能给其带来一定时间内的竞争优势。但是随着时间的改变，必须不断重新思考自身的商业设计。随着消费者的价值取向的不断转变，企业必须不断改变现有的商业模式来迎合时代的需要。对信息服务业而言更是如此。信息服务业的宗旨是以信息技术和信息产品为社会提供信息化服务，本质在于服务。信息服务业是面向信息用户、以用户需求为导向的产业，应以主动、适时地为用户提供满意的信息服务为中心，围绕用户信息活动来组织、集成数字信息资源和信息服务。

6.1 陕西省信息服务业商业模式创新的特征与分类

6.1.1 商业模式创新的特征

商业模式创新是指为企业价值创造提供基本逻辑的变化，即把新的商业模式引入社会的生产体系，并为客户和自身创造价值。通俗地说，商业模式创新就是指企业以新的有效方式赚钱。新引入的商业模式，既可能在构成要素方面不同于已有商业模式，也可能在要素间关系或者动力机制方面不同于已有商业模式。新兴产业商业模式创新是指企业及其上下游共同参与，围绕获利和可持续发展目标进行的包括新产品和新服务研发、市场开拓、资源整合、资本创造、利润获取等在内的一系列活动。近年来，云计算、节能环保、生物等新兴产业越来越多的成功案例表明，商业模式创新已成为新兴产业快速壮大、构筑竞争新优势的重要动力[72]。

从发达国家的实践来看，新兴产业商业模式创新具有紧迫性、外部性和重构性的特征。紧迫性是指基于新技术驱动的新兴产业，在发展壮大过程中往往对创新商业模式具有更为迫切的需求，即在新技术、新产品产业化的过程中，迫切需要重构现有的商业模式，以适应新的技术、开辟新的市场、构建新的商业网络关系和盈利模式；外部性是指新兴产业商业模式创新有助于重塑产业价值链，创造新的经济价值和社会价值；重构性是指新兴产业的商业模式创新往往是对原有商业模式的“创造性的毁灭”，是一种最激进的商业模式创新，可以成就那些具有战略思维、勇于冒险的企业家，使企业在新商业模式的驱动下迅速成长为全球领先的行业龙头企业[72]。

除了上述特征以外，新兴产业商业模式创新还存在诸如市场失灵以及对公共政策介入有较强依赖性等特点。这里的市场失灵可能来自内部环境的阻力、外部环境的制约和现有资源配置条件不足等多方面的限制。而对公共政策介入的较强依赖性体现在依赖政府采购政策，依靠信用体系或金融制度的建立来降低风险，需要借助国家营造良好的氛围鼓励商业模式创新。

6.1.2 商业模式创新的分类

商业模式分为两大类：运营性商业模式和策略性商业模式。

运营性商业模式重点解决企业与环境的互动关系，包括与产业价值链环节的互动关系[73]。运营性商业模式创造企业的核心优势、能力、关系和知识，主要包含产业价值链定位和盈利模式设计两个方面。产业价值链定位是指企业处于什么样的产业链条中，在这个链条中处于何种地位，企业结合自身的资源条件和发展战略应如何定位。盈利模式设计是指企业从哪里获得收入，获得收入的形式有哪几种，这些收入以何种形式和比例在产业链中分配，企业是否对这种分配有话语权。

策略性商业模式是对运营性商业模式加以扩展和利用。策略性商业模式涉及企业生产经营的方方面面。在业务方面，探求企业应当向客户提供什么样的价值和利益，包括品牌、产品等。在渠道方面，探求企业应当如何向客户传递业务和价值，包括渠道倍增、渠道集中或压缩等。在组织方面，探求企业应当如何建立先进的管理控制模型，如建立面向客户的组织结构，通过企业信息系统构建数字化组织等。

历经近几年的发展，陕西省信息服务业商业模式正处于由运营性商业模式向策略性商业模式转变的过程。在建设"丝绸之路经济带"的背景下，陕西省信息服务业不仅服务地方、服务本省，更站在区域一体化发展战略的高度上，凭借自身的领先优势来为沿线各国、各地区提供所需的信息化服务，而这正是陕西省信息服务业商业模式的创新方向。

从目前的情况来看，中亚各国以及我国西北其他四省区的经济基础较差，科技实力薄弱，信息化建设存在很大的不足，主要体现在信息基础设施建设、信息技术、信息产品等方面。陕西省信息服务业应对症下药，为这些国家、地区提供援建及配套服务，以互联互通为目的，构建区域一体化的信息生态系统。

6.2 陕西省信息服务业商业模式创新分析

6.2.1 基于信息技术创新支撑的商业模式创新分析

首先，新技术的商业化需要商业模式作为支撑。技术创新的价值在成功商业化之前是潜在的，为了实现新技术的价值，在利益导向驱动下，企业必须确立一个新的商业模式。企业在技术创新过程中，面临商业生态系统中其他企业的竞争，新产品创新开发面临成本高及产品生命周期不断缩短的压力。企业要想从新技术的商业化中获得满意的经济效益，就必须根据新技术对企业价值主张、目标市场、利益成本结构、组织结构等的影响，创建与之匹配的商业模式。

其次，为了维持技术创新带来的高额利润，企业必须进行商业模式创新。由于技术创新子系统的扩散效应比商业创新子系统容易，成功实现技术创新后，市场上往往会出现大量的模仿者，企业通过技术创新获取利润的情形在较短时间内就会消失。相对而言，商业模式创新子系统的独占性要比技术创新子系统高，为了维持高额利润，企业必须进行商业模式创新。

最后，技术创新带来的新机会促进商业模式创新，并强化整个生态系统。当技术创新带来新的市场机会时，所有利益相关者都会考虑如何充分利用该成果给自己带来最大收益，将推动商业模式创新，以满足自己和其他利益相关者的需要，实现企业生态系统的共赢。

6.2.2 基于价值网络的商业模式创新分析

1. 陕西省信息服务业的价值主张

1）产品/服务

按照国家标准《国民经济行业分类》（GB/T 4754—2011），信息服务业可从信息传输、软件和信息技术服务业三大类进行分析。陕西省信息服务业目前的主要业务领域如表 6-1 所示。

表 6-1 陕西省信息服务业的主要业务领域

领域	主要业务
电信	固定电信业务、移动电信业务、其他电信业务
广播电视传输	有线广播电视传输、无线广播电视传输
卫星传输	卫星传输服务
互联网和相关服务	互联信息服务、其他互联网服务
软件	软件开发
信息技术服务	信息系统集成服务、信息技术咨询服务、数据处理和存储服务、集成电路设计、数字内容服务（电视、电影制作、数字出版等）、呼叫中心、其他未列明信息技术服务业

2015 年 1～8 月，在全省其他营利性服务业中，软件业、信息技术服务业以及广播、电视、电影和影视录音制作业总收入约占全省其他营利性服务业营业收入的 86%，极大地带动了陕西省服务业的发展。

2）客户群体

陕西省信息服务业快速发展，客户群体不断壮大。以互联网行业为例，2014 年陕西省互联网普及率增加到了 46.4%，较 2005 年的 8.4%增长显著，仅 2013 年到 2014 年，陕西省网民就增长了 56 万，达到了 1745 万，增速达 3.3%（见图 6-1）。在网民中占的比例最大的为学生，占 23.4%，主要客户群体的年龄为 20～39 岁，占所有网民的 59.7%。

2016 年陕西省全面开展"互联网＋"行动，各个行业的互联网化加快了互联网客户群体的细分，推进了陕西省信息化进程。另外，2015 年，陕西省电信业务总量持续增长，其中移动电话用户数 3649.65 万（见图 6-2），也是陕西省信息服务业客户群体扩大的又一表现。

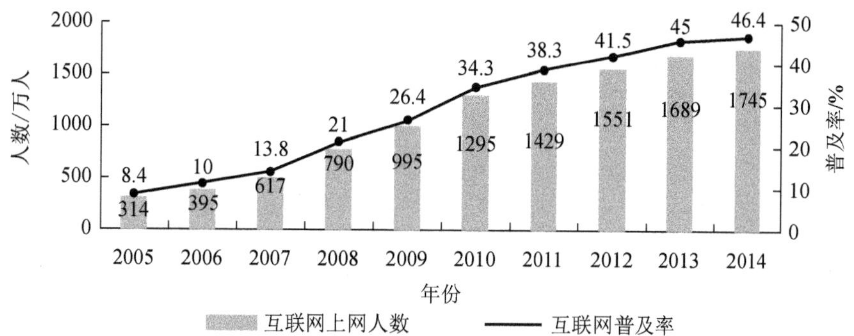

图 6-1 2005～2014 年陕西省互联网上网人数及互联网普及率

（资料来源：http://www.shaanxitj.gov.cn/upload/2016/tongjinianj2016/2016/indexch.htm.）

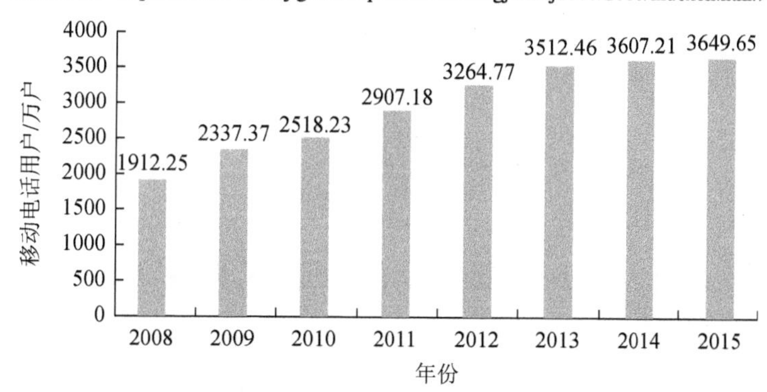

图 6-2 2008～2015 年陕西省移动电话用户

（资料来源：http://zsyz.sei.gov.cn.）

2. 陕西省信息服务业的价值创造

1）资源配置

（1）专业人才培养优势。据统计，截至 2015 年，陕西省共有 96 所高等院校，其中普通高等学校和独立学院分别为 80 所和 12 所，另外还有 288 所中等职业学校[74]，全年研究生、本科及其他专科类学生招生共计 43.87 万人（不含技工学校），在校学生共计 152.39 万人；成人高等教育招生人数为 5.52 万人，在校学生为 16.79 万人。陕西省信息服务业正在加速发展，从业人员需求量正逐年增加，其中城镇单位需求量最大，并呈逐年上升趋势（见图 6-3 和图 6-4），而软件及互联网行业作为信息服务业的重要产业，高素质从业人员较少，远不及电信业和信息传输服务业，还需大力培养相关领域的专业人才。

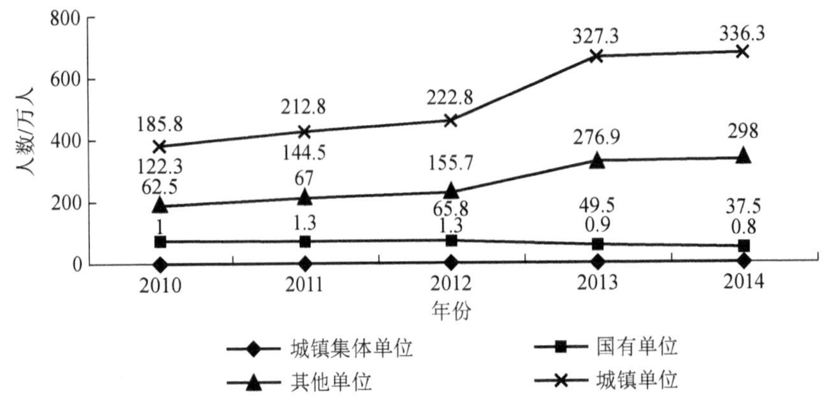

图 6-3　2010～2014 年陕西省信息服务业就业人数走势

（资料来源：http://www.sei.gov.cn.）

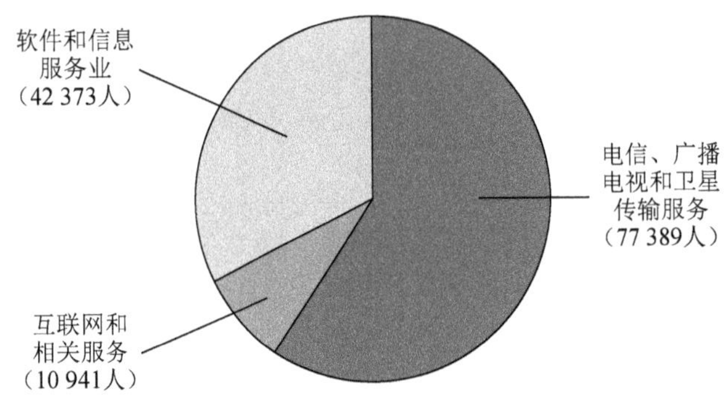

图 6-4　陕西省信息服务业从业人员数量

（资料来源：http://www.shaanxitj.gov.cn/upload/2016/tongjinianj2016/2016/indexch.htm.）

（2）信息基础设施逐渐完善。覆盖陕西全省的移动通信网现已建成，具有覆盖面广、宽频带入户等特点的广播电视传输网络发展很快，已经能满足多方面的要求。全省有省级广播电视台 1 座、市级电视台和广播电台各 10 座以及县级广播电视台 88 座[74]，已经形成多种传输方式相结合的广播电视网。陕西省光缆总长超过 70 万公里，西安已开通国家级互联网骨干直联点，主要城区光纤入户已经全覆盖，宽带城市基本建成，全省超过 800 万用户实现 4M 及以上宽带，占总用户比重超过 65%。

2）渠道管理

目前，陕西省智慧城市建设持续推进，全省现有 6 个智慧城市试点市。陕西省是国家电子政务试点示范省，省市县三级电子公共平台已经建成，正向乡镇扩展，电子政务发展良好。同时，信息化综合服务中心现已建成并开始投入使用，全省已经启动“大社保”信息系统的建设，区域卫生信息系统规划以及城乡一体化医保也在逐步完善。包括人口、法人单位、地理信息服务等各类便民服务平台在内的基础数据库应用建设正在深入开展，其中西安地理信息公共平台已经完成建设并在深化应用。2015 年 5 月，陕西省工业和信息化厅与华为公司签署了基于云计算战略的合作协议，双方将共同打造云计算大数据产业生态体系，全面推进面向西北地区的公共云计算服务平台建设，促进陕西省云计算、大数据、存储备份、技术开发等产业生态的不断拓展和快速发展。

3. 陕西省信息服务业的价值获取

1）收入模式

陕西省 2015 年 1～7 月软件和信息服务业以及广播、电视等传媒业营业收入均超过 10 亿元，与商务服务业共同实现营业收入 159 亿元，拉动其他营利性信息服务业营业收入增长 21%[75]，信息服务业已经成为陕西省经济支柱产业。2014 年，陕西省软件及服务外包产业效益保持向好，总收入超过 1360 亿元，较 2013 年同期增长 30%以上，但低于全国平均水平。陕西省软件企业的软件产品研发能力和服务质量不断加强，软件产业总收入超过 1300 亿元，软件业务收入达 958.55 亿元，占产业总收入的比重超过 70%，与 2013 年同期相比上升了 3.3%。全省软件和信息服务业实现的利润占软件业务收入的比重与全国相比仍相差近 5%，陕西省软件企业还需提高软件产品附加值，以此来增强信息服务业盈利能力[76]。

此外，陕西省电信业务回暖，电信业务总量经过 3 年的连续下降后，2015 年首次出现上升，由 2014 年的 506.4 亿元增长到 695.61 亿元，但距 2011 年的最高值 819.82 亿元还有差距（见图 6-5）。陕西省有关部门应重视电信业务发展，推动电信收入的持续回升。

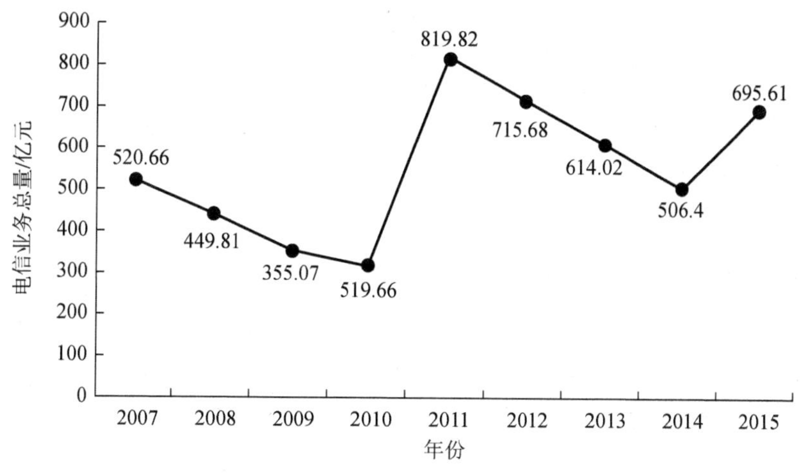

图 6-5 陕西省电信业务总量

（资料来源：http://zsyz.sei.gov.cn.）

2）成本结构

由表 6-2 可知，2014 年，陕西省信息服务业固定资产投入与其他制造业相比较少，仅占 0.9%，年均增长率也只有 13.8%。据中商情报网统计，2015 年 1～7 月，陕西省成本费用利润率环比回升的行业占行业总数的 60%，其中软件和信息技术服务业收入可观，达到65.5亿元，增长率为37.2%，成本费用利润率达16.8%；广电传媒产业收入近14亿元，增长35%，成本费用利润率回升了1.8%[75]。综上，信息服务业具有较好的发展前景，陕西省应加大对信息服务业的投资力度，大力发展信息服务业，推进陕西省制造业服务化的转型升级。

表6-2　陕西省全社会固定资产投资

分行业全社会固定资产投资额	2014年全社会固定资产投资额/亿元	2004年全社会固定资产投资额/亿元	2014年全社会固定资产投资额行业构成/%	2014年投资额对2004年投资额的比率/%	年均增长率/%
陕西全省	183 547.8	1 508.9	100.0	1 116.6	28.4
制造业	3 394.3	231.2	18.5	1 368.2	30.8
服务业（第三产业）	11 598.6	972.8	63.2	1 092.4	28.1
生产性服务业	3 126.5	321.8	17.0	871.6	25.5
交通运输、仓储和邮政	1 694.6	198.8	9.2	753.6	23.9
信息传输、软件业和信息技术服务业	164.3	45.0	0.9	264.9	13.8
批发和零售业	651.8	41.1	3.6	1 486.6	31.8
金融业	31.9	3.4	0.2	829.1	25.0
租赁和商务服务业	245.6	11.0	1.3	2 143.2	36.5
科学研究、技术服务业	338.3	22.6	1.8	1 399.6	31.1

资料来源：http://www.sei.gov.cn.

4. 陕西省信息服务业的价值维护

1）伙伴网络

2015年4月，陕西广电网络传媒集团与同方股份有限公司达成战略合作，双方将充分利用各自优势，推动陕西省“智慧城市”的发展。从2013年三星电子入驻西安至今，三星与陕西的战略合作持续深入。2015年10月底，三星SDI公司在西安的电动汽车电池生产线已经正式投入运营，该公司在西安工厂的投资总额预计在2020年之前将达到6亿美元。陕西省紧跟国家政策步伐，积极响应我国与其他国家开展的“丝绸之路”跨国系列申报世界遗产工作，开展了7个丝路申遗项目，由丝绸之路带来的科技创新和文化交流合作，将加快陕西省信息服务业的国际化步伐。

2）客户关系

2014年，由59家企业、12所大学、12家科研机构和5家服务机构组成的陕西省大数据与云计算产业技术创新战略联盟宣布成立，联盟将在实现有关各方共同利益的同时不断提升信息产业的技术创新能力，不断提升陕西省信息服务水平。近年来，陕西省积极推广产、学、研相结合的创新体系，组织高校、企业和研究院展开深入合作，充分发挥各方优势，促进陕西省信息产品的产出率和信息资源的转化率，及时满足信息消费者的需求，以实现陕西省信息服务业在政府、企业与消费者之间的价值共享，建立长期有效的客户关系。

5. 陕西省信息服务业各价值单元需要解决的问题

通过上述分析可知，陕西省信息服务业紧随时代发展脚步，利用自身优势，已经有了较快的发展，但与全国信息服务业先进水平相比仍有差距，还有一些问题有待解决，如表6-3所示。

表6-3 陕西省信息服务业要解决的问题

价值单元	商业模式要素	要解决的问题
价值主张	产品/服务	创新力不足，服务同质化现象严重
	顾客群体	产业布局不明确，顾客群体的划分混乱
价值创造	资源配置	高层次信息服务人才匮乏；基础实施还需继续完善
	渠道管理	产业公共服务平台建设滞后，缺少为信息服务企业和用户提供技术培训、信息交流、市场推广、公告公布及知识产权保护等方面的综合服务平台
价值获取	收入模式	投入大、风险高、收益高的大型软件和服务项目较少，只能单纯依靠投入少的短期项目来维持运作
	成本结构	交易市场过于传统，信息服务业资本投入较少，专业技术支持力力度不够
价值维护	伙伴关系	行业规模有限，区域间、城市间的联动发展不足，未形成完善的合作机制
	客户关系	政府吸引外资的力度不足，现有产品转化率低，不能及时满足客户对信息服务的需求

随着现代信息通信技术的深刻变革，陕西信息服务业的规模呈现出快速扩张趋势，其产业增加值不断提高，成为继旅游业之后又一收入过千亿元的现代服务业。此外，陕西省不断加快信息基础设施建设，使全省信息产业承载能力有所提升，发展环境不断改善。

6.2.3 基于合作共赢的信息服务商业模式创新分析

陕西省信息服务业近几年得到长足的发展，"三星效应"的持续发酵为陕西省信息服务业的发展提供了广阔的前景，"一带一路"倡议的提出更为陕西省的发展提供了良好契机。陕西省只有抓住机遇，利用自身优势，加快产业结构调整，形成产业集群，构建基于合作共赢的商业模式，才能带动区域、行业和企业的大发展。

商业模式创新能够帮助企业和消费者更好地沟通，向消费者传递价值，在促进消费的同时帮助企业创造更大的价值，维持可持续竞争优势。商业模式创新是将新的商业模式引进原有的体系之中，设计企业的运营模式，提升资源整合能力和发展潜力来适应不断变化的商业环境，迎合消费者的需求，从而实现盈利的目的，为企业及其客户创造更大的价值。商业模式的创新是企业深层次的创新，因此信息服务业企业的更新换代及发展极大地依赖商业模式的创新。如果没有商业模式的创新，其他要素的创新，诸如管理创新、技术创新等都会失去发展的基础。

信息服务业企业为满足客户日益多样化和复杂化的需求，在进行商业模式创新的过程中，应与影响其创新活动的其他组织或个人建立各种合作关系，从而形成的协同演化、相互依赖、共存共亡的具有开放性和动态性的网络式系统，即创新生态系统。同时，应注重研发生态圈和商业生态圈的融合，以及生态系统消费者、生产者和分解者角色的定位，利用区域内、行业内、企业内部充足的金融资源、稀缺的市场资源、互惠的平台资源，发挥核心企业定向性的扫描吸收能力、整合性的协同创新能力、规范性的治理分配能力，打造核心企业独有的变革型的能人文化、合作型的氏族文化、协奏型的共赢文化。

6.3 陕西省信息服务业商业模式创新的对策建议

6.3.1 基于信息技术的陕西省信息服务业商业模式创新

1. 基于信息基础设施建设服务的商业模式创新途径

身处信息时代，信息化对于任何一个国家或地区而言都极具战略意义，因此，如何更好地推进信息化建设是每一个国家或地区都需重视的问题。信息基础设施是信息化的基础，它的好坏在很大程度上决定着信息化建设质量的优劣。这是因为，信息基础设施薄弱一方面会直接影响信息传播的通达性，有违信息化建设的初衷；另一方面会提高传播成本，影响信息产品的生产和销售，阻碍信息服务业的发展，间接降低信息服务质量，使信息化建设缺少有力的支持。

作为国家基础设施建设的重要组成部分，信息基础设施也属于“丝绸之路经济带”互联互通的一部分。目前，“丝绸之路经济带”沿线各国、地区的信息基础设施普遍薄弱，特别是我国西部的偏远农村以及中亚部分贫穷地区，这主要体现在诸如通信管网（由光纤 PSTN、同轴电缆、以太网线及其管道资源等组成）、无线基站、中继设备、各级机房以及相关配套的电源、建筑等设施建设不完善甚至是缺失。针对于此，陕西省信息服务业企业需要将眼光放长远，利用国家的有利政策寻求对这些地区援建的机会，并与对口援建的地区签订合作协议，通过后期向其提供有偿信息服务、销售信息产品等来达到商业目的。

在硬件方面，陕西省信息服务业企业应大力推进广播电视网络、移动通信网络、互联网络等信息基础设施建设，特别是在互联网络建设方面，需要为受援助地区配备传输速率快、费用低且覆盖面较广的宽带基础设施。在技术服务方面，陕西省信息服务业企业首先要深入了解客户的信息需求，设计具有针对性的信息化建设方案；其次，应秉着"授人以鱼不如授人以渔"的思想，充分利用陕西省雄厚的教育资源，对各国或地区选拔的信息技术人员进行分批培训，提升一线人员的信息化水平；最后，应以咨询服务顾问等身份与当地政府、企业保持长期的合作关系，以用户需求为导向，随时为当地信息化建设提供个性化的参考咨询。

在产品服务方面，陕西省信息服务业企业应根据用户对服务产品的使用和反馈情况去挖掘用户的偏好和兴趣点，为用户提供定题服务和推送服务。定题服务主要根据用户需求，对信息进行收集、筛选、整理并定期或不定期地为用户提供持续服务。推送服务首先要选定用户群体，为他们量身定做相关的产品和服务，并主动向用户推送，为用户提供有针对性的服务[77]。

2. 基于平台服务的商业模式创新途径

在经济全球化深入发展的今天，区域经济的发展和融合赋予了"丝绸之路经济带"新的内容。贸易畅通是沿线国家和地区的共同愿景。为了实现贸易畅通，在有了各国政府利好政策支持的同时，"丝绸之路经济带"沿线国家和地区还需要一个属于企业的服务平台，达成更多共识，努力实现信息上的互通、资源上的共享、优势上的互补、利益上的共赢，形成强有力的和声，切实地推动和实践贸易畅通。

在信息化时代，社会资源信息的传播不断向着网络化的方向发展，信息服务平台的出现大幅提高了资源信息的利用率。信息服务平台是指参与者都能够自由获得信息的场所，是整合信息资源、提供信息服务的主要载体，根据所提供服务信息内容的不同，可以分为教育、医疗、金融和就业等多个类型。信息服务平台的建立有利于公众获得安全、有信任感的信息源，推进教育、医疗、就业等优质资源的共享[78]。近年来，国内不断涌现出各式各样的信息服务平台，如淘宝网、58同城等在应用率和知名度方面均取得了令人瞩目的成就，但对于国际贸易，还没有搭建出一个在知名度和应用率方面都能获得广泛认可的平台。因此，陕西省信息服务业企业可以从中亚贸易平台服务入手，寻找商业突破点，建设贸易信息服务平台。这不仅对拓展贸易途径、促进贸易畅通有着很大的帮助，还可以促进金融区域一体化，提升人民币在国际市场上的影响力。除此之外，陕西省信息服务业企业还可以根据中亚贸易特点以及陕西省农产品等资源优势，构建集信息发布、信息共享、电子商务功能于一体的中亚经贸信息平台，旨在加强中亚市场的分析和研究，为政府提供决策依据，同时也为外贸企业提供服务，以增强主动性，减少盲目性，为各地区外向型企业的发展提供强大的信息支持[79]。同时，建立与交易者沟通的信息服务平台，及时整理反馈意见和建议，完善贸易信息服务平台的服务流程，提高交易者的满意度，扩大市场份额[80]。以陕西省出产果品贸易为例，作为我国的水果生产大省，陕西省出产的水果无论是种类还是产量都位居我国的前列，每年都有大量的水果销往国外；但绝大多数订单的签订还是处于原始的商家实地考察—签订协议的线下模式。据此，陕西省信息服务业可以搭建一个类似于“海淘”的信息服务平台，在这个平台上不仅商家可以签订大宗果品贸易订单，也允许消费者独立地进行挑选、买卖。这样，既可以减少商家的部分成本，也可以满足消费者的个性化需求，更重要的是能够让更多的消费者有机会接触到陕西特产水果，增加潜在的消费者，拓宽陕西省果品的贸易渠道。在平台建立之后，还需要不断对平台的各项功能进行完善，提升平台服务的效率和质量，确保信息平台的服务持续优化。

6.3.2 基于价值网络的陕西省信息服务业商业模式创新

1. 基于价值主张单元的商业模式创新途径

1）产品/服务

（1）利用资源优势，打造特色信息产品和服务。陕西省作为丝绸之路新起点，应紧扣“丝绸之路经济带”建设，畅通政府对话、企业合作、民间互动的渠道，营造有利于科技创新的市场和社会环境，推动“一带一路”科技创新中心的建设，如西北有色院“科研、中试、产业三位一体大型科技集团”的全链条发展模式，西安光机所搭建的人才、技术、资本、服务四位一体的科技成果孵化模式等，通过打造一批科研院所引领型的创新产业集群和孵化基地，将一大批相关联的中小企业吸引过来，或者在其周围逐渐培育起一批为它服务的中小企业，形成高效率的产业区域集群系统。

被称为“天然的历史博物馆”的陕西省拥有丰富的旅游资源，具有深厚的文化底蕴，旅游业发展前景广阔。陕西省应充分利用这一有利资源，大力发展文化创新型信息产业，利用互联网和电子信息传输技术等展开宣传、经营，全面实现旅游文化产业的信息化。此外，以西安软件园为首的陕西省软件产业群已初具规模，软件产业已成为继旅游业之后陕西省又一重点产业。陕西省应继续加大对软件产业的支持力度，构建西安软件创意产业聚集区，打造软件产业新格局，将软件业打造成具有陕西特色的支柱产业，最大化地发挥资源优势，实现陕西省信息服务业产品的特色化。

（2）加快数字内容产业建设，丰富信息产业格局。陕西省信息服务业产品较多，但部分产业规模较小，如数字内容、数字出版等尚未形成规模。陕西省应加快发展数字内容创意产业，鼓励数字动漫和影视制作等企业发展，以互联网发展为依托，推动网络教育、网络游戏、音视频娱乐等数字文化产业迈上新台阶，将数字技术应用到传统出版企业中，实现向数字出版转型，对本地中小型数字企业予以政策及融资支持，通过积极推进数字产品的可视化进程，丰富陕西省信息服务业信息内容，优化信息产品和服务。

2）客户群体：加快互联网加新形态的建设，扩展信息产业客户群体

陕西省信息服务业的发展需要政府加强产业规划和基础设施建设等一系列的支持，

为集群发展创造环境，加速知识转型，推动顾客群体形成。政府对现代服务业发展的支持体现在以下两个方面：一是加强基础设施建设；二是改善制度环境等软件。政府要依据城市规划的总体布局，建设好相关配套设施和基础设施（如通信设施、交通设施、人居环境等），为现代服务业企业的发展创造良好的硬件环境，为集群发展奠定扎实的基础。

陕西省应加快"互联网＋"对陕西传统经济领域的渗透，积极将互联网技术应用在传统行业的各个模块，实现传统行业的客户群体向信息服务业的转化和整合，进一步促进信息产业客户群体的细分和优化，推进"互联网＋"新经济形态的形成，为陕西省创新驱动提供新方向，带动多行业创业新潮，满足消费者多方面的信息需求。同时，"互联网＋"新经济形态也更有助于提升信息的产出率和转化率，能不断扩展信息产业客户群体和扩大客户规模。

2. 基于价值创造单元的商业模式创新途径

1）资源配置

（1）加快培养和引进信息服务业高素质人才。目前，陕西信息服务业高速发展，高素质的信息人才资源供应不足，尚不能满足其需求。陕西省应利用高等院校、科研院所和培训机构等教育产业资源优势，加快信息服务行业高素质人才的培养和储备；鼓励企业开展岗位培训，对员工进行信息技术专业培训，让更多从业员工接受继续教育，培养更多满足信息服务业发展要求的复合型人才；完善国内外高端信息人才的引进机制，为海外优质留学人员回陕西创业、就业提供良好的软、硬件条件，将高端信息人才引进陕西的战略计划落到实处。

（2）完善信息服务业基础设施建设。陕西省信息服务业的快速发展与信息基础设施建设紧密相关。陕西省应继续依托现有公共宽带网络资源，积极推进高品质省、市、区县、乡镇四级电子政务网的建成；加快数字化、双向化的有线电视网络的建设工作，积极推进下一代互联网、第五代移动通信（5G）网络、广播电视网的设施建设，推进互联网互联互通进程，努力将基础设施建设工作与国家重点建设项目相结合，通过不断完善信息基础设施建设来满足信息服务业发展过程中日益增长的应用需求。

2）渠道管理

加强顶层建设，加快搭建服务平台。陕西省应加强顶层设计，积极推进智慧城市建设，紧密结合各地实际发展和民生需求，加快全省的科技资源开放共享网络管理平台的建设，推进省、市两级的信息化公共平台和各个业务部门公共服务平台建设，进一步加快业务部门与信息化公共服务平台的对接。积极推进基础数据库、业务专属数据库和共享数据库的搭建，鼓励运营商电子商务基础平台的构建，重点发展电子商务软件应用平台，如网上银行、网络购物、电子商情等。通过不断完善陕西省信息服务综合平台来满足政府、企业和客户等各方对信息资源的摄取和利用，推进全省信息化进程。

3. 基于价值获取单元的商业模式创新途径

1）收入模式

（1）继续加快软件等高收入产业的发展。软件业现已成为我国各省份信息服务业发展的核心部分，其发展情况一定程度上体现了信息技术应用程度和全省信息化建设进程。当前，软件和信息服务业已成为陕西省重要的经济增长点，陕西省政府要积极加强政策引导和市场导向，将软件开发与应用重点深入到对传统产业改造升级中，鼓励将应用软件和嵌入式软件应用到向各行各业中，同时加大对软件与信息服务外包产业的招商引资力度，多引进能拉动陕西省经济的大项目，实现软件和信息服务业的大规模发展，从而推动全省经济增长。

（2）抓住"丝绸之路经济带"建设新机遇，营造创新产业集群效应。陕西省作为丝绸之路新起点，应紧扣"丝绸之路经济带"建设，营造有利于陕西省科技创新的市场和社会环境，通过大型信息科技集团全链条发展模式及四位一体（人才、技术、资本、服务）的信息科技孵化模式，打造一批科研院所引领型的创新产业集群和孵化基地，形成高效率信息产业的区域集群系统，不断壮大信息服务业的产业集群，为陕西省信息服务业赢取更多的发展机遇，从而带动陕西省的经济发展。

2）成本结构

增加信息服务业资本投入，加快制造业服务化转型。陕西省正处于制造业服务化的转型升级阶段，政府应鼓励制造企业将移动互联网、云计算、物联网、大数据等新兴技术应用到生产中，以促进陕西省生产组织决策信息化。陕西省对信息服务业的资本投入与制造业相比尚少，要想大力发展信息服务业，促进陕西省信息化进程紧跟全国的步伐，陕西省应增加信息服务业资本投入，调整各行业的成本结构，提高信息资源的成本效益，加大信息产业的研发和生产投入，以信息服务业的发展带动制造业服务化转型。

4. 基于价值维护单元的商业模式创新途径

1）伙伴网络

（1）吸引创新性企业走进来，加快信息服务业生态创新建设。陕西省应以上海合作组织大学落户西安为契机，积极促进全省交通、商贸、物流中心以及科技教育交流中心的建成，采取开放化的协调发展战略，在高校联盟、智库研究等方面与周边国家和地区展开合作，吸引更多信息服务企业及其他辅助产业企业来陕西发展，不断扩大陕西省信息服务业的产业生态圈，努力做好与其他各国产业园的建设，积极发展半导体国际合作产业园、中俄丝路创新园、中哈苹果友谊园的建设，继续扩大和完善陕西省信息服务业的伙伴网络，持续完善陕西省信息服务业的共享机制、协同机制和反馈机制，加快格局创新、产业结构优化、绿色可持续的信息服务业生态系统创新建设。

（2）支持企业走出去，建立健全伙伴合作机制。陕西省应以"丝绸之路"中哈吉三国跨国合作、成功申遗为契机，积极响应国家"一带一路"倡议，发挥陕西省丝绸之路新起点的优势，加快推进国际电影节、艺术节及旅游博览会的常态化，在发展本地信息服务业的同时，紧跟我国"走出去"的发展趋势，积极鼓励本地信息企业"走出去"，并为其提供政策扶持，减少微小型信息企业出国发展的阻力，提升陕西信息企业国际竞争能力，拓展陕西信息服务在海外的其他发展空间，推进陕西省和海外的友好合作，围绕丝绸之路不断地建立健全陕西省信息服务业的伙伴合作机制。

2）客户关系

（1）加强政策引导扶持，实现信息产业科学规划。陕西省信息服务业正处于发展初期，政府应充分发挥引导作用，加强对信息服务业的政策支持，高度重视信息产业的发展状况，积极部署相关政策，不断完善各项指标、体制，结合陕西省现阶段的经济、产业的发展状况，明确发展方向，设计出真正适合陕西省信息服务业的发展思路，实现信息产业的科学规划，并给予一定的财税政策倾斜，积极改善中小企业的融资环境，建立健全信息产业相关的法律法规，为消费者提供产业规划合理、交易市场规范的信息化大环境，增强信息企业及客户对产业发展的信心，带动客户的信息化消费行为，并形成消费习惯，为陕西省信息服务业的后续发展提供保障。

（2）加速"产学研"结合，促进万众创新。陕西省的信息服务业发展迅速，科技创新能力也与日俱增，但是由于科技成果转化能力与全国水平相比较低，与陕西省科技成果产出能力并不匹配，不能及时满足客户对创新型信息产品的需求，不易与客户形成持久的合作关系。因此，陕西省应加快科技信息的流动，使"产学研"信息服务网的作用得到充分的发挥，让相关企业、高等院校以及科研机构都能利用自身资源发挥所长，通过各个创新主体之间的相互配合来推动陕西省科技创新成果市场化的进程，以促进"产学研"结合的创新体系能够不断完善，提高全省科技成果的转化能力，以此来提升信息消费者长期合作的概率。同时，陕西省应提倡以创新引领创业，以创业带动就业的理念，真正实现"大众创业，万众创新"。

6.3.3 基于合作共赢的陕西省信息服务业商业模式创新

1. 基于资金融通的商业模式创新途径

共建"丝绸之路经济带"，给各国企业带来了大量的跨国投资、建设以及创业的机会。但对于中小企业或者创业者来说，想要参与其中，资金是横亘在他们前面的一座大山。银行借贷、投资者信心不足等问题更是加剧了中小企业筹资的困难[81]，而众筹能够缓解资金方面的压力。众筹是一种大众通过互联网相互沟通联系，并汇集资金支持由其他组织和个人发起活动的集体行动。企业或个人通过互联网介绍自身的筹资需求和描述自己的项目，大众根据情况选择企业或个人项目进行小额的投资，并获得一定的报酬。近几年，国内众筹模式开始起步，点名时间、天使汇等一些众筹网站相继建立。

众筹模式的核心是众筹平台，它连接了大众投资人和融资企业或个人。大众通过众筹平台了解筹资的信息和金额，并通过平台与筹资人进行沟通；当确定想要投资的项目时，会与众筹平台和筹资人签订协议，通过银行或者支付机构支付资金，银行或支付机构先保管投资人资金作为保证金。如果企业筹资项目达到预期额度，再决定转移多少资金给被投资的筹资人；如果企业的筹资没有达到预期目标，则将资金退还给投资人。同时，在项目启动后保持监督。当期限到达后，融资企业会直接给投资人以相应的回报，并且把情况反馈给众筹平台[82]。

陕西省信息服务业企业可以建立“丝绸之路经济带”众筹平台，面向“丝绸之路经济带”沿线的所有国家和地区，在这一区域内，所有人都可以通过该平台来进行筹资或投资。该平台以“丝绸之路经济带”项目为主，划分为两种众筹模式，分别是奖励式众筹和股权式众筹。奖励式众筹，即以众筹平台为中心，以项目发起人提供的实物或者产品形式回报作为融资对象出资奖励的运营模式；股权众筹融资，即创业团体或者初创企业作为项目发起人，通过在股权众筹平台发布项目，承诺以公司股权作为融资对象的投资回报的一种众筹模式。筹资人和投资人可以根据自身的实际情况，在众筹平台上选择通过何种模式来进行筹资或投资。陕西省信息服务业在众筹平台建成之后，还需要对项目申请、发布、展示以项目库的形式提供完整指导；在项目筹资成功时，众筹平台能够保证资金在很短的时间内一次性到位，并收取一定的佣金。这样，不仅为中小企业或创业者解决了筹资的难题，自身也获得了收益。“丝绸之路经济带”众筹平台还可以根据项目所在地有针对性地优先选择当地的潜在投资人，这样可以解决外汇兑换的问题。总之，建立众筹平台将为我国及中亚国家提供筹资的新渠道，为促进资金融通提供新途径。

2. 基于文化交流的商业模式创新途径

共建“丝绸之路经济带”，经济合作是基础，民心相通是助推剂。通过共建“丝绸之路经济带”，促进共同发展繁荣，为各国人民谋福祉，才能坚持世代友好；通过加强人民友好往来，增进相互了解和传统友谊，民心相通才能更好地将“丝绸之路经济带”建设推向更新的高度。西安是丝绸之路的起点，从汉代开始就与中亚国家有着经济、文化等诸多方面的联系。同时，我国西北地区和中亚国家之间，不但民族成分、语言习惯相近、相通，甚至还因地缘关系而具有了某种血缘关系，民族、文化等方面的认同感十分强烈[83]。这些“先天基础”为达到民心相通提供了可能。

民相亲在于心相知，心相知在于文化融。文化是各国人民增进相互了解和友谊的重要桥梁和纽带，多姿多彩的人文交流拉近了中国人民与亚欧国家人民的距离，增进了双方的友好互信，发挥着深化互利合作的纽带作用。作为推动文化交流与对话的强大力量，旅游业的发展可以促进文化的传播和融合，为民心相通起到助推作用。

陕西是我国的文化强省，有着深厚的文化底蕴，并且与丝绸之路文化相互交织。2006年以来，在联合国教科文组织的倡导和推动下，我国与中亚有关国家开展了“丝绸之路”

跨国系列申报世界遗产工作。仅在陕西境内，涉及申遗的项目就有7个之多。陕西也是我国的旅游大省，拥有雄厚的旅游产业基础，自然风光和历史古迹吸引了大批国内外游客。但从目前情况来看，陕西与中亚地区之间缺乏旅游交流与合作，中亚地区并非西安传统的客源地。因此，陕西省信息服务业可以从推广陕西旅游、弘扬"丝路"文化、促进民心相通出发，利用信息化手段丰富旅游业传统宣传模式，借助微博、微信、论坛、网站、手机客户端等多种互联网信息咨询服务的力量，分别用汉语、英语、阿拉伯语等多个语种展示中华文化、印度文化、波斯文化、阿拉伯文化、古希腊文化和古罗马文化，以此拓宽陕西旅游信息的宣传途径，扩大"丝路"文化受众人群；强化旅游设施信息化建设，加快推进智慧旅游进程，根据收集到的游客过往旅游信息，为其提供全方位的服务和富有个性化的体验[84]。同时，还应注意智慧旅游的信息生态问题，确保信息传递及时、准确、全面、交互，从而让陕西旅游和中华文化收获更好的口碑，借游客之口将"丝路"文化推广开来，让更多的人了解陕西、了解中国。

6.4 案　例

6.4.1 西安未来国际商业模式

1. 公司简介

西安未来国际信息股份有限公司（简称"未来国际"）创立于20世纪90年代，注册资本1.23亿元人民币。公司始终致力于以"一切皆服务"的理念向客户提供包括规划咨询、设计研发、系统集成、运行维护、运营管理等在内的全程信息化服务，是全国大数据和云服务产业的龙头企业之一，系中央网信办电子政务云平台建设应用工作组秘书长单位、全国工商联信息化工作专家组专家成员单位。

未来国际秉承技术创新、业务模式创新和商业模式创新的"三维创新"发展理念，在云计算、大数据、智慧城市、人口健康、林业生态、应急指挥、企业信息化等领域和行业取得了显著成绩，是国家林业局、国家卫生和计划生育委员会、陕西省、内蒙古自治区等多个国家部委、省（自治区、直辖市）的信息化综合服务提供商，专业的IT服务能力也跃升至全国前列。

未来国际以开放敏捷、全面专注、高效有效的运营管理体系，打造"双平台"建立创新生态圈。运用"双平台"构建大数据云服务生态系统，以智慧城市、林业生态、人口健康作为业务切入点，以国家部委、地方政府、金融机构的灾备业务作为大数据服务的企业点，依托全国工商联做面向民营企业的服务，深耕公安、交通、应急指挥等重点行业，不断拓宽新的行业领域。

未来国际牵头或参与完成了16项国家电子政务公共平台标准、3项国家云平台安全标准、3 项国家地理信息标准以及 30 多个省（自治区、直辖市）100 项地方标准的编制工作，是国家电子政务云平台顶层设计，全国人口信息化顶层设计，全国林业信息化建设纲要和技术指南、云平台顶层设计编制单位，并同时为内蒙古、黑龙江、云南等 30 多个省（自治区、直辖市）提供信息化、智慧城市顶层设计。公司拥有近 30 项国家发明专利，超过 100 项软件产品著作权证书，是西北地区首家获得信息技术服务运行维护标准（Information Technology Service Standards，ITSS）认证企业、西部首批获得国家计算机信息系统集成认证一级资质的企业，具备国家保密局颁发的涉密信息系统集成甲级资质，同时拥有 CMMI 3 软件能力成熟度认证、ISO/IEC 27001 信息安全管理体系认证、ISO/IEC 20000-IT 服务管理体系认证等一系列行业资质，已在全国建立起高端的规划咨询、技术研发、运维服务、运营管理体系。

未来国际的商业模式创新主要体现在服务、产品、顾客群体及合作伙伴等方面。

2. 设计与服务

1）咨询服务

随着互联网经济的蓬勃发展及其对各传统产业的不断渗透，以电子政务为代表的互联网经济领域研究越来越受到各级政府部门的关注与重视。未来国际基于近 20 年为各级政府部门的持续化服务以及长期对电子政务研究的基础，为各级政府部门提供政务服务持续化运营、发展趋势前瞻、智慧城市智慧服务、新经济园区产业规划、政务大数据服务等，为企业、合作伙伴单位提供战略合作咨询、解决项目疑难等全方位咨询服务。

2）基础设施服务

未来国际提供的基础设施服务有机房服务、网络资源服务、计算资源服务、存储资源服务。其中，机房服务包括机房空间、机柜和机位等服务；网络资源服务包括省市县乡四级统一传输网、政务网接入，互联网安全接入，VPN 接入，IP 资源分配等服务；计算资源服务包括虚拟主机、超算、物理主机、高可用主机等服务；存储资源服务包括虚拟存储空间、备份数据空间、数据归档等服务。

3）软件支撑服务

未来国际提供的软件支撑服务有基础支撑构件、共用工具构件、共用流程构件和公共业务构件等服务构件的提供、安装部署及与其运行相关的基础运维和安全保障等服务。通过集成开发环境和集成运行环境为业务应用系统在研发和运行时提供必需的开发环境、测试环境和运行环境。

3. 平台服务

1）电子政务云平台

政务服务结合了云计算技术的特点，对政府管理和服务职能进行精简、优化、整合，并通过信息化手段在政务上实现各种业务流程办理和职能服务，为政府各级部门提供可靠的基础 IT 服务平台。电子政务云通过统一标准不仅可以促进各个政务云之间的互联互通，避免产生“信息孤岛”，也可以避免重复建设，节约建设资金。

利用云计算跨地域服务的特性，未来国际创新提出“平台上移，服务下延”的信息基础资源整合共享思路，逐步实现从省、市两级平台转变为“一个平台，五级服务”，即统筹调配和管理全省信息基础资源和服务能力，形成全省一个云平台，支撑五级政务部门开展基层服务的区域信息化云平台。

未来国际深入调研，并结合当地电子政务发展实际情况，规划政务云平台体系架构，已为内蒙古、甘肃、广西等多个省份成功建设电子政务云平台，并获得高度赞誉。

2）大数据平台

未来国际大数据服务平台借助公司在信息产业的综合优势，凭借雄厚的大数据分析技术实力、丰富的信息服务业经验，已经和多个国家部委、团体和金融机构达成合作或合作意向，正向着“备份中国，服务全国”的方向快速推进。平台提供以下服务：数据容灾备份服务、数据采集服务、数据交换共享服务、数据质量管理服务、数据资源处理服务、数据分析服务和信息应用/咨询服务。

3）云计算公共平台

新一轮的云平台业务模式是以区域为单位，形成“15”云平台业务模式，即全省建成一个云平台，面向省、市、区县、乡镇及村五级行政区提供信息化服务，实现基础资源统一调度管理，运维服务统一监控保障。

这种区域性云平台的服务模式，陕西省已通过陕西省委网信办向中央网信办申报了国家信息资源创新信息化示范试点项目，是全国四个国家信息资源信息化示范试点项目之一。通过“陕西模式”在云平台管理、技术、服务的总结和积累，区域性云平台的服务模式将是未来国际在下一轮云计算建设中的主推模式，以电子政务云平台为依托，更多地服务于各行业、各领域信息化云服务，最终形成混合云，为全社会提供服务。

按照用户使用服务的方式以及政府提倡购买服务的模式要求，未来国际将电子政务云平台服务方式主要分为五种：一是政府建设、政府补充、企业运维服务方式；二是政府建设、企业补充、企业运维服务方式；三是企业按需建设和运维、政府整体购买服务方式；四是企业建设和运维、政府按需统一购买服务方式；五是企业建设和运维、部门按需各自购买服务方式。

4）互联网信息运营平台

未来国际互联网信息运营平台依托云计算基础资源和大数据平台，借助大数据、云计算、3G/4G 技术、移动互联网等新一代信息技术，为企业提供 B2B 电子商务全程综合服务，为政府相关决策提供强有力的科学支持。

未来国际建设的陕西省工商联企业服务平台为企业创立、采购等全生命周期中各个阶段提供政策解读、企业及产品宣传、项目推介合作、大数据分析等各项服务，促进非公有制经济健康发展和非公有制经济人士健康成长；全国供销合作社电子商务平台以为

“三农”服务为根本宗旨，是围绕提供农村综合服务、推动农村电子商务发展的服务平台。

5）生态健康信息平台

未来国际服务卫生医疗行业多年，围绕深化医疗体制改革、降低医疗成本、提升医疗服务水平的基本目标，构建健康医疗云平台。以“政府主导、企业参与、购买服务”的健康云社会化运营模式，秉承模式、应用、技术、效能四大创新，运用互联网、移动互联网的医疗健康服务技术，借助“金人工程”应用产品、区域卫生平台、卫生医疗O2O等，促进健康医疗管理信息化系统的研发、推广和建设，并完善服务体系，实现其业务价值。

4. 产品中心

未来国际提供云计算、智慧城市等五大项六十余种产品，快速实施研发与市场的正反馈循环，提高产品市场接受度，不断开拓，积极进取。

1）智慧城市

（1）智慧服务运行平台：为智慧型城市的规划、建设、运行和管理提供全生命周期服务的一系列产品集合，可根据城市的现状、特点及建设要求，提供不同策略的实施方法和建设支撑。

（2）智慧城市门户：“一站式”功能性综合服务门户，为政府、市民、企业及旅游者等提供随处可用、个性化、智能响应和一站式的智慧城市服务。

（3）移动智慧门户：采用移动互联网将城市服务通过统一的APP应用提供给政府、企业、旅游者等。根据不同的移动设备设计界面及用户交互方式，为用户提供触手可及、稳定、可靠的服务。

（4）智慧城市运行实况分析：城市运行实况分析能够提高城市综合协调能力，为城市管理者提供实时、全面、综合的城市运行信息，总结、梳理涉及城市日常运行的各项体征数据和信息，实现辅助决策的可视化。

（5）办公“一张屏”：“一张屏”旨在提高城市的综合协调能力，为城市管理者提供实时、全面、综合的城市运行信息。

2）湛卢云

（1）虚拟化系统：提供CPU支持、存储支持、内存支持、虚拟网络支持、虚拟机类型支持和管理功能支持。

（2）云服务运营平台：一种新型的网络服务模式，是连接信息资源服务与用户的桥梁，信息化资源通过交付平台将服务以高效、可靠、友好的方式传递给最终用户。

（3）运维综合管理平台：对IT基础设施进行全面监控、集中管理，做到IT设备及网络故障和异常的早发现、早解决，确保用户业务的持续、健康运行。

（4）逻辑数据库整合服务系统：从多个分散、异构的数据源中抽取不同的数据项，形成逻辑视图，并将逻辑数据视图组合后形成逻辑数据库，逻辑数据库不存储数据，解决了业务系统需要同时访问的问题。

（5）安全管理中心系统：以资产为核心，以安全事件管理为关键流程，采用安全域划分的思想建立的一套实时的资产风险模型，协助管理员进行事件及风险分析、预警等。

3）智慧健康

（1）智慧人口移动采集手持服务终端：基于3G/4G网络，采用主流Android平台，集成二代身份证读卡、指纹采集验证、条码扫描等功能，提供人口基本信息采集、利益导向人群管理、技术服务受理采集等。

（2）出生人口监测分析系统：根据国家卫生和计划生育委员会“金人工程”信息化建设关于出生医学证明管理和出生性别比治理两方面要求，完成出生人口信息实名登记和出生医学证明签发等。

（3）利益导向管理服务系统：以国家利益导向制度为前提，以“金人工程”各省（自治区、直辖市）需求为导向，结合未来国际多年来对人口计生领域的不断探索与知识积累，为享受奖励扶助的计划生育家庭提供服务。

（4）药邦：一款专注于在线咨询、药品O2O场景的服务软件。药店通过药邦提供专业的药用咨询、在线售药、药急送等贴心服务；用户可以随时随地通过药邦收到药店活动宣传信息。

4）互联网

（1）工商联企业服务平台：依托云计算基础资源和大数据平台，借助互联网、大数据、云计算等新一代信息技术，为企业提供B2B电子商务全程综合服务，为企业创立、采购、研发、生产等提供服务。

（2）工商联信息化云办公系统：通过提供网站网页创建和改版升级服务，大力推进办公自动化和信息化建设，将大大改善办公条件，实现了工商联办公系统高效、快捷、简便的目标。

5）智慧林业

（1）林业资源监管综合服务系统：将“3S”技术、资源整合、海量数据管理等技术和林业资源管理业务相结合，把森林资源、荒漠化土地资源、湿地资源和野生动植物资源的数据落到山头。

（2）森林防火监控和应急指挥系统：基于计算机网络技术和地理空间技术，集林火监测、林火预测预报、扑火指挥和火灾损失评估于一体的综合性系统。

5. 顾客群体

目前未来国际实现了多行业优秀方案落地，是国家林业局、国家卫生和计划生育委员会、陕西省、内蒙古自治区等多个国家部委、省份的信息化综合服务提供商。国家及省级成功案例有国家林业局防护林营造林工程、北京市人口和计生委管理信息系统、内蒙古电子政务、宁夏水利信息化、中国人口与发展研究中心办公系统、河北省应急管理平台、云南省林业信息化、内蒙古经信委电子政务、河南省农信社管理系统、陕西省人口基础信息数据库、海南省“金人工程”、陕西省应急平台、陕西省公安厅信息综合应用平台、甘肃省电子政务、陕西省应急电子政务、陕西省中小企业公共服务平台等。

6. 合作伙伴

未来国际坚持互动开放式合作理念、合作共赢的发展思路，与伙伴保持紧密合作，全面开拓信息化全程服务市场。同时，提供以下多种合作形式。

（1）全渠道合作伙伴合作形式：授权分支机构、合作办事处、合作成立公司形式。

该形式适合以下情形：具备合作成立分公司或共同出资组建公司的条件；具备在某区域或某行业强大的市场开拓能力、资源优势或有自己的渠道及客户群体，拥有一定的市场和品牌优势，以市场优势互补形式进行市场及行业推广；签订目标责任书，下达目标责任；接受公司全面管理；推广未来国际全线产品；统一使用未来公司 LOGO，为“未来国际分公司”“子公司”，遵从未来公司营销体系。

公司可提供：资深行业背景及行业组织经验共享；专业的产品，补充合作伙伴在行业中的产品线；从咨询到运维全程化的解决方案，提升客户黏性；渠道支持，协助合作伙伴把握行业领域的商机。

（2）技术合作伙伴合作形式：定牌生产、方案合作等形式的合作伙伴。

该形式适合以下情形：独立的法人实体；具备自主版权的软件产品或授权的产品；有自己的渠道及客户群体，拥有一定的市场和品牌优势。

公司可提供：丰富的行业解决方案，专业的售前顾问咨询团队，全国精准市场推广支持。

（3）行业合作伙伴合作形式：以产品代理、项目合作或行业推广形式的合作伙伴。

该形式适合以下情况：独立的法人实体；具有未来国际公司产品在某区域市场或者某行业的推广能力；有 3 名以上销售人员和 3 名以上的技术服务人员。

公司可提供：未来国际系统的产品技术、服务、销售全方位的培训；未来国际专项项目授权支持；未来国际知识管理平台共享通道；未来国际专业顾问团队项目支持指导；未来国际系统的产品技术、服务、销售全方位的培训；未来国际专业顾问团队项目支持指导项目伙伴是指以项目合作和行业推广的形式的合作伙伴。

（4）生态合作伙伴合作形式：以云计算中心、政务中心、硬件厂商、软件厂商等形式的合作伙伴。

该形式适合以下情况：独立的法人实体；具备自主研发的产品或产业实体；有自己的渠道及客户群体，拥有一定的市场和品牌优势；与未来国际业务、产品、服务有互补、整合优势；有一定垫资能力。

公司可提供：资深行业背景及行业组织经验；专业的产品、丰富的合作伙伴和大纵深的产品线；从咨询到运维全程化解决方案；渠道支持；丰富的行业解决方案；全国精准市场推广支持。

（5）合作支持体系。

① 培训支持：产品与服务销售知识培训，建立成功销售模型，推广快速销售经验；技术实施培训，传授快速实施经验，提高合作伙伴的独立实施能力。

② 授权支持：为合作伙伴颁发授权牌，便于获得客户信任；为合作伙伴参与招投标提供项目授权，保证项目的顺利进行。

③ 平台支持：设立专门的营销沟通管理平台，针对合作伙伴的各种问题在第一时间做出反应；提供专门的知识管理平台，复制未来国际的管理经验、产品销售经验和市场运作经验。

④ 市场支持：公司网站列名支持，网上统一宣传和链接；网络媒体、传统媒体、自媒体等媒体专题宣传。

⑤ 业务支持：未来国际顾问团队协助跟进项目，并有针对性地进行培训；根据不同的合作模式提供全程支持。

⑥ 公司发展支持：市场导入，循序渐进，从代理未来国际的单一产品发展成未来国际的核心伙伴；深化理念，复制未来国际快速成功的模式，为公司发展壮大提供理论基础。

7. 收入模式

未来国际 2015 年年度报告显示，其 2015 年度营业收入为 3.53 亿元，较 2014 年同期增长 7.79%；净利润为 3879.93 万元，较 2014 年同期下滑 8.31%。截至 2015 年 12 月 31 日，未来国际总资产达 10.71 亿元，同比增加 13.43%，归属于挂牌公司股东的净资产 4.26 亿元，同比增加 10.39%。未来国际 2015 年度营业利润为 4597.48 万元，较上年同期下滑 6.95%；毛利率为 43.15%。

未来国际是一家信息化综合服务提供商，采用服务外包模式向客户提供 IT 服务，在电子政务、林业信息化和人口计生信息化等领域开展业务，主要为政府提供相关服务，业务收入依赖地方政府。事实上，未来国际是"政府养大的孩子"，主要业务收入都来自政府机构，其中陕西省信息化领导小组更是未来国际的主要客户，贡献其近三年来大部分收入，而陕西省政府下属机构对其业绩贡献也很巨大。

未来国际前五大客户资料显示，2009～2011 年，陕西省信息化领导小组为其贡献收入达到 8944.13 万元、10 434.04 亿元、12 637.72 亿元，占未来国际营业收入的比例分别为 71.67%、57.67%、47.69%。来自陕西省政府下属机构的收入占未来国际主营业务收入的比例在 2009～2011 年分别达到了 77.72%、68.87%、65.97%。未来国际承认，其主要业务领域为电子政务，报告期内前五名客户大部分为政府部门用户。由于各级政府部门的信息化需求主要是专有业务系统，或周期性更新改造，建成后能够满足特定时间或一段时间的信息化需要，因此不能保证隔年均有较大的信息化需求，从而导致隔年主要客户发生频繁变动。前五大客户信息显示，2009～2011 年的第 2～5 名的客户，是各不相同的 12 家政府部门。从客户以及行业特征来看，如果未来国际对某个客户在某年有大项目，那么这家机构贡献的销售收入就会蹿升，安装系统后 1～2 年的维护保养可能是免费，而对系统升级或者其他服务，未来国际可以继续收费，但一般来说不如开始安装系统的时候销售收入高。从行业来看，每年维护费用一般只有初装时候的一至两成，不过这可以成为该类型软件公司比较长期稳定的收入。此外，未来国际未来能否维持高速增长，主要取决于新客户的开拓；而要开拓陕西省以外其他省份政府部门的业务并不容易，因为不少地方政府在类似业务上都对本地企业有所支持。

6.4.2 西安光机所创新模式

近年来，西安光机所和西北有色院在科技创新、科技成果转化等方面成果显著。西安光机所创新模式是“开放办所、专业孵化、择机退出、创业生态”，西北有色院创新模式是“三位一体、母体控股、股权激励、资本运作”。陕西省正在全省复制推广“一院一所模式”[85]。

2016 年，陕西省以试点扩大影响，以重点推广营造示范效应，逐步培育新的适用不同科研院所、高校、企业的创新创业模式。鼓励大企业与高校深度合作，设立新型产学研相结合的研发平台，在此基础上推动员工在企业内创新，为企业积累新的增长点；建立高校众创孵化器，设立校园微种子、微天使基金，推动高校众创，加快高校科技成果转化；支持科研院所利用自身人才、技术、成果，开展院所自创，推动军民融合创新，加快成果转化、企业孵化。

2016 年陕西省确定“一院一所模式”试点单位 30 家，其中，重点推广单位 7 家；推动试点单位组建高层次创新创业团队 5 支，建立专业孵化器 3 个，新孵化注册科技企业 50 家左右，推动科技成果就地转化 50 项；支持设立相关科技创业投资基金 3 个；建立“一院一所模式”数据库应用平台，促进军工科技资源包括仪器设备、非加密科技成果包、人才资源共享，推进国家级工程中心、重点实验室等科技创新资源共享，实现科技资源与社会需求的有效对接；支持高校与企业或科研院所实行双导师制，指导在校学生在专业孵化器、众创空间创新创业，支持在陕高校、国企开展校企产学研联合试点；集成省内外航空、航天等领域科研、制造资源，组建陕西空天动力技术研究院，年内挂牌运行。

1. 西安光机所简介

西安光机所创建于 1962 年，是中国科学院在西北地区最大的研究所之一。经过 50 多年的创新历程，已经发展成为一个以战略高技术创新与应用基础研究为主的综合性科研基地型研究所。

西安光机所主要研究领域包括基础光学、空间光学、光电工程，主要研究方向包括瞬态光学与光子学理论与技术、空间光学遥感技术、干涉光谱成像理论与技术、光电信息技术。西安光机所有一个国家重点实验室、两个中国科学院重点实验室，分别是瞬态光学与光子技术国家重点实验室、中国科学院超快诊断技术重点实验室、中国科学院光谱成像技术重点实验室，另有若干研究单元，以及检测中心、系统工程部等完整的技术支撑体系。

近年来，西安光机所坚持面向世界科技前沿，面向国家重大需求，面向国民经济主战场，以创新驱动发展，大胆创新科技体制机制，拆除"围墙"、开放办所，探索"人才＋技术＋服务＋资本"四位一体科技成果产业化及服务模式，打造西北地区第一家专注于科技创业的天使基金，打造西北地区第一家专注于"硬科技"的孵化基地，与西安高新区共建光电孵化协同创新工程示范基地，跨行业、跨区域共建光电子集成电路先导技术研究院，在深圳建立体制机制改革试点研究机构"初创研究院"，为国内外出类拔萃的人才提供创新创业成就梦想的事业平台。

2015年2月15日，中共中央总书记习近平视察西安光机所。习近平总书记评价"西安光机所在科技成果转化方面做了有益的探索和尝试"，并指出，核心技术靠化缘是要不来的，一定要自力更生。

2015年12月，时任陕西省委书记赵正永再次视察西安光机所时认为该所认真贯彻了习近平总书记视察讲话精神，进展很快，真正发挥了国家级科研院所在全省科技创新中的领头羊和示范作用；科技部部长万钢视察时评价，西安光机所把自身发展与国家需求结合起来，与创新驱动发展结合起来，这是极具竞争力的模式。陕西省政府工作报告连续两年提出要积极复制西安光机所科技创新机制。

2016年7月，陕西省政府制定并印发2016年西安光机所、西北有色院创新模式复制推广工作方案，指出在全省推广复制西安光机所和西北有色院创新模式（简称"一院一所模式"）是陕西省委、省政府确定的重点任务。

2. 西安光机所创新模式的主要内容

1）开放办所

"拆除围墙、开放办所"是西安光机所改革突破的核心，是西安光机所创新模式的"根"和"魂"。传统的研究所往往孤芳自赏，自命清高，关起门来搞研究，两耳不闻窗外事。研究所和社会之间的冷酷围墙既阻碍了研究所了解最新市场需求的机会，也关闭了研究所应承担的科技资源向全社会开放共享的职能，阻碍了外部社会了解研究所的科技成果，导致研究成果和市场需求严重脱节。正如习近平总书记说的，"不能关起门来搞研发，一定要开放创新"，"关起门来搞建设不可能成功"。赵卫所长曾大胆、创新地提出，西安光机所不是属于800多名职工的研究所，而是属于国家的，属于全体纳税人的。想"率先建设国际一流研究机构"，就必须"拆除围墙、开放办所"，打破内、外的双重围墙，开放国立研究平台，拆除内部围墙，营造“鼓励创新、宽容失败”的良好氛围，鼓励研究所的人“走出去”，鼓励研究所的科研成果“走出去”，让想干事、敢干事、会干事的人干成事；拆除外部围墙，鼓励更多有才能的人来到西安光机所，依托西安光机所平台发挥所长，有所作为，打破“引来女婿、气走儿子”的老想法，一视同仁，以贡献论英雄，充分发挥国立研究平台和科技资源在中国经济转型升级中的积极作用，让传统研究所增添活力、再焕生机。中共中央、国务院《关于深化体制机制改革加快实施创新驱动发展战略的若干意见》也对“开放办所”进行了印证，提出要“按照创新规律培养和吸引人才，按照市场规律让人才自由流动，实现人尽其才、才尽其用、用有所成”，要“建立健全科研人才双向流动机制，改进科研人员薪酬和岗位管理制度，破除人才流动的体制机制障碍，促进科研人员在事业单位和企业间合理流动”。同时，“允许高等学校和科研院所设立一定比例流动岗位，吸引有创新实践经验的企业家和企业科技人才兼职。试点将企业任职经历作为高等学校新聘工程类教师的必要条件”。

2）广聚人才

“西安光机所的人”该如何定义？以前，人们总认为写在花名册上的职工才是西安光机所的人，才能代表西安光机所。所领导班子在多次讨论后达成共识，“西安光机所的人”不应该是一个封闭的群体，不应该狭隘地局限于有名在册的职工。任何能以西安光机所为平台，为中国科学院、为国家做出贡献的人都是西安光机所的人，都能够代表西安光机所，都能利用西安光机所的国有开放平台创新创业，所产出的成果都是对国家的贡献。优秀的人才无论来自何方、工作多久，无论是什么背景，无论以怎样的形式在西安光机所的平台上做出贡献，西安光机所都是敞开怀抱欢迎的。花名册上的员工如果工作懈怠，无所建树，也终将被淘汰。研究所只有打破“领地”意识，聚集国内外有才能的优秀人才，才能真正成为国家科技创新开放的平台和火车头，才能成为国际一流的研究所。

3）择机退出

西安光机所在企业孵化上另一个鲜明的特点是“择机退出”，不在意一城一池的得失。西安光机所深知其使命是持续将科技成果转化为产品、转化为“硬科技”企业、转化为经济效益，要永远“保持饥饿”，保持积极探索的热情，西安光机所不会“靠在一棵大树下做懒汉”，而是要成为创新的源泉、创新的发动机。只有持续孵化企业，培育产业集群，才能保证研究所有长久发展的活力、动力和能力。比起在几家企业“抽血”，西安光机所更应该打造持续循环的“供血”系统，形成“产业反哺科研，科研助力产业”的循环生态。

十年来，西安光机所的产学研改革创新工作已经探索出了一条独具特色的道路，形成了“研究所＋孵化器＋天使基金＋创业培训”的创新生态体系，打通了科技成果转化的各个环节。

2012 年 6 月，西安光机所以 750 万元资金发起成立西安中科光机投资控股有限公司（简称“西科控股”），作为该所全资的资产管理公司，代表该所行使经营性资产管理的职能。发展至今，西科控股的资产规模已达6.8亿元，正在努力成为西光所科技创业雨林生态的航母。

2013年1月，为了填补科技成果转化“第一公里”的资金空档，西科控股代表西安光机所与社会资本共同发起成立西北地区第一家专注于科技成果产业化的天使基金——西科天使基金，为科技创业领军人才创办企业提供第一笔资金支持，有效解决“硬科技”成果产业化的“钱袋子”问题。西科天使一期规模1.3亿元，截至目前已完成全部投资，已投项目51个，其中18个项目浮盈已达1.4亿元，剩余33个项目收益全部为净收益；西科天使三期基金规模5亿元，出资人包括中国科学院控股有限公司在内等多家中科院系企业，截至目前已投资项目44个，累计投资金额超2.3亿元。

2013年9月，为了解决孵化企业后培育企业的问题，解决科研人员在创新创业过程中遇到的诸多难题，西科控股发起设立了国内第一家专注于“硬科技”领域的国家级科技孵化器——中科创星，专注于硬科技领域企业孵化，搭建了“一站式”全方位服务模式，为在孵企业提供战略规划、市场对接、技术支撑、设备共享、财务法务、人才招聘、科技项目申报、品牌宣传推广、知识产权管理与培训、投融资对接等全方位的孵化服务，打通资本、研发、技术、市场、渠道等环节，为中小型科技企业快速发展提供可靠支撑。2015年3月，中科创星成功引进社会投资人，为中科创星提供了雄厚的资金支持。同时，中科创星打造了国内首个专注于“硬科技”创业的培训服务体系并向全社会的科技创业者开放，已形成“硬科技创业营＋硬科技创业公开课＋硬科技创业大讲堂＋硬科技创业沙龙”为主的全体系科技创业培训教育模式，已举办创业培训活动100余场，累计培训13 000余人次。

2015年10月，西安光机所联合地方政府、高校、企业等机构，通过统筹优势资源，共同发起成立陕西光电子集成电路先导技术研究院（以下简称“先导院”），搭建了国内首家“政—产—学—研—资—用—孵”相结合的专业化众创空间，“筑巢引凤”，整合地方分散的光电子集成优势技术和产业资源，引进一批国际领军人才，孵化培育一批能够参与国际竞争的光电子集成芯片领域“硬科技”企业，打造具有国际影响力的光电子集成产业高地。该空间现已引进海内外高端人才团队16个、储备项目30多个，先后研发出光电集成芯片、高功率激光器芯片、光通信激光器芯片、超低相位噪声晶振、SDI高清视频传输芯片等多项具有国际先进技术水平的产品，初步形成了以光电子集成及下一代芯片为核心的光子信息产业集群。

第7章 7 “丝绸之路经济带”背景下陕西省互联互通的区域合作模式与路径研究

自“一带一路”倡议提出以来，有关各方已开展了广泛合作，其中互联互通已成为沿线各国家和地区达成的共识。陕西省作为“丝绸之路经济带”的新起点，积极围绕“五通”开展了多项合作，以“和而不同”的东方思想为指导，提出以基础设施先行、制度规范为纲、人文交流为本的“以德相融”的合作模式，在此基础上提出多种合作路径以实现“丝绸之路经济带”互联互通的包容、和平、发展、共赢。

7.1 “丝绸之路经济带”互联互通问题的提出

“蓝海战略”给我国带来经济高速发展的同时也导致了我国东西部经济发展差距的不断扩大。“丝绸之路经济带”是国家向西开放的升级，也是我国全面、均衡、可持续发展的需要。“丝绸之路经济带”一经提出就引起了各界人士的高度关注，目前“丝绸之路经济带”已开展的广泛合作涉及能源合作、经济贸易、区域合作、金融合作和互联互通。其中，加快推进互联互通建设已是“丝绸之路经济带”沿线各国和地区的共识，《上海合作组织中期发展战略规划》确定的全面推进的四大领域经济合作领域之一就是通信。2014 年亚太经合组织第 22 次领导人非正式会议（即北京峰会）确定了三大主题，其中“加强全方位基础设施与互联互通建设”，尤其是亚太区域的互联互通作为重头戏，将开启“共建亚太伙伴关系”的 3.0 时代[86]。

“互联互通”最初指在不同电信网络之间建立有效连接，使不同网络用户之间可以通信，或一个网络的用户可使用另一个网络的服务。自 2010 年 10 月，“东南亚国家联盟要建立一个共同体，各成员国之间必须实现互联互通，在基础建设、交通、通信等领域加强合作，同时加强各国人民之间的交流”[87]。“互联互通”（Connectivity）概念首次在第 17 届东南亚国家联盟首脑会议被一个国际组织正式提出[88]。近年来，“互联互通”逐渐成为中国与周边国家实现联网的代称。

习近平总书记指出：“我们要建设的互联互通，应该是基础设施、制度规章、人员交流三位一体，应该是政策沟通、设施联通、贸易畅通、资金融通、民心相通五大领域齐头并进。”[89]互联互通不是简单的修路架桥，其首先是以基础设施建设为纽带，促进中国与各地区和国家在交通、物流、信息、农产品等方面的自由流通。其次，以遵循合作共赢理念为纲，通过观念制度的互通增进区域内各经济体的政治互信。最后，以各国民众的民心交流为本，“国之交在于民相亲”，人文交流是互联互通的社会根基和软环境，其意义是深远及广泛的，我们不能只看见露出的冰山一角，其潜藏的巨大影响力才是我们要重点关注和考虑的。

7.2 “和而不同”——“丝绸之路经济带”互联互通的东方哲学

中华文化兼容并蓄，具有多元文化和历史的包容性，“和而不同”的东方哲学是“丝绸之路经济带”互联互通、“以德相融”的文化基础。“优秀传统文化凝聚着中华民族自强不息的精神追求和历久弥新的精神财富，是发展社会主义先进文化的深厚基础，是建设中华民族共有精神家园的重要支撑”[90]。2005年4月22日，胡锦涛呼吁亚非国家“发扬亚非会议求同存异的优良传统，倡导开放包容精神，尊重文明、宗教、价值观的多样性，尊重各国选择社会制度和发展模式的自主权，推动不同文明友好相处、平等对话、发展繁荣，共同构建一个和谐世界”，第一次正式提出了“和谐世界”的理念[91, 92]。2005年12月6日，温家宝提出世界要达到“国与国之间的和平，人与人之间的和睦，人与自然之间的和谐”[93]。

孔子曰：“君子和而不同，小人同而不和。”“在中国古代哲学中，‘和’与‘同’具有较大差异：‘同’不能容‘异’，‘和’不但能容‘异’，而且必须有‘异’，才能称其为‘和’”[94]。“和而不同，就是自己要有中心的思想，能够调和左右矛盾的意见，而自己的中心思想还是独立而不移”[95]。

“和而不同”恰好印证了互联互通，互联互通意味着合作与机遇，彰显的是中华民族“仁、义、礼、智、信”的传统，展示的是平等与包容的气质。“丝绸之路经济带”的互联互通主张在多元文化的背景下可以实现各民族之间的平等对话，“以德相融”，通过加强彼此的认识和理解，消除隔膜，建立互信，通过这种平等与包容对话，才有可能促进合作，共享人类文明的硕果。

7.3 “丝绸之路经济带”互联互通的合作模式

“丝绸之路经济带”互联互通的合作模式秉持合作共赢的原则，实现包容发展，坚持各国共享机遇、共迎挑战、共创繁荣，让沿线国家受益于我国的发展。在总结世界区域合作经验的基础上，结合陕西省“丝绸之路经济带”新起点的战略地位，本书构建了陕西省在“丝绸之路经济带”互联互通中的合作模式：基础设施先行，制度规范为纲，人文交流为本（见图7-1）。

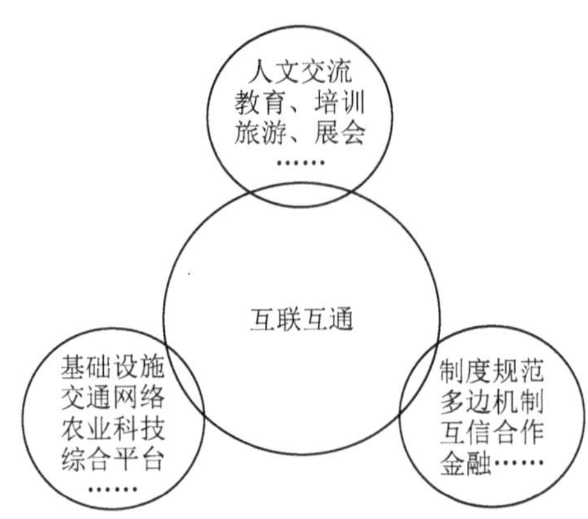

图 7-1　陕西省在“丝绸之路经济带”互联互通中的合作模式

7.3.1　基础设施互联互通的合作

基础设施互联互通是加强中国与“丝绸之路经济带”沿线各国整体合作的基础和前提。基础设施建设是发展中国家面临的重大挑战，关乎该地区经济发展、商品要素流动、市场竞争力和凝聚力，是实现经济持续稳定增长、地区安全、深化区域经济一体化的重要条件。中国企业在东南亚国家参与建设了一批道路、电站、桥梁、通信等基础设施合作项目。目前，中国与东南亚国家联盟的贸易已由单一货物发展到服务贸易、信息通信、交通、能源、文化、旅游及湄公河开发等诸多领域，基础设施建设成为区域合作的重点。欧洲委员会推出的欧盟互联互通项目，2014～2020 年将拨款 260 亿欧元用于建设 9 条交通走廊，2030 年建成欧盟核心交通网络，旨在加强铁路、公路、输电线路、能源及通信网络的互联互通，以便推进贸易服务的便利化及提升欧美国家的竞争力。Global Sherpa 创始人杰森（Jason）指出“公路、港口、铁路、电力和信息通信技术等基础设施建设是推动新兴市场的发展中国家经济增长和提高生活水平的重要因素”[96]。2014 年 10 月成立的亚洲基础设施投资银行将专注于亚洲各地区的基础设施建设[97]，为区域基础设施建设提供资金支持。由中国主导筹建的亚洲基础设施投资银行不仅是新兴国家在全球政治经济的一场胜利，也将拉开中国与亚洲国家互利共赢的共同未来。

陕西省在积极与“丝绸之路经济带”沿线各国和各地区互联互通中取得了一些进步：2013 年 11 月 28 日，西安至阿拉木图的中亚国际货运班列“长安号”正式开行，一年来，共开行 38 列 1958 车，累计运输货物总重达 5.03 万吨，出口总值约 7200 万美元，已成为“丝绸之路经济带”的黄金干线[98]。货物目的地遍布哈萨克斯坦等中亚五国的 44 个城市和站点，西安国际港务区正逐步成为中亚货物聚集地、物流集散地，全国的货物从这里运往中亚地区，真正实现了“港口内移，就地办单，海铁联运，无缝对接”。西安将在未来充分发挥中国内陆最大的国际陆地港口、内陆型枢纽港的功能。2014 年，西安咸阳国际机场口岸“72 小时过境免签”成功获批，国际航线由 2013 年的 9 条增加到 22 条，增加了贸易服务的便利性，力将西安打造成内陆改革开放的新高地。2014 年，在中国东西部合作与投资贸易洽谈会暨丝绸之路国际博览会上，陕西药王山水泥有限公司分别和哈萨克斯坦阿斯塔纳市政府、肯套市政府签订了两条日产 5000 吨干法水泥生产线合同项目，涉及投资金额 12.4 亿元[99]，这不仅使陕西省建材企业实现"走出去"，也将为中亚国家的基础设施建设创造更大的发展空间。2014 年 12 月 3 日，西安国际港务区正式挂牌成立华和国际商务咨询机构驻西安办事处、丝路经济联盟西安联络处和陕西省外经贸综合服务平台，该平台将促进陕西省外向型经济的快速发展，促进企业在信息、技术、管理等方面的交流与合作，从而达到资源共享，合作共赢。

7.3.2 制度观念互联互通的合作

观念作为"扳道工"为行动提供了路线图，而精神与物质利益则是行动的直接推动力[100]。这使"丝绸之路经济带"观念的倡导者必须提供足够的利益诱导，这项观念才能获得更多的支持[101]。基于权力与利益的原因而被制度化的观念才具有最终的决定性影响。"丝绸之路经济带"的互联互通，正是观念制度化的核心，通过交通、通信网络的建设将沿线各国的经济与社会紧密联系起来。中亚各国家、地区的利益斗争具有复杂性，鉴于古丝绸之路沿线的国家具有共同的历史，中国政府通过挖掘"古丝绸之路"的历史文化遗产，构建了一种经济合作的"共享观念"，这将为欧亚大陆的多元文化并存及整合提供帮助，进而重构各地区、国家间的社会关系，例如，中国政府与乌兹别克斯坦政府签署的《中华人民共和国和乌兹别克斯坦共和国友好合作合约》以法律的形式将两国的世代友好观念固定下来。

"丝绸之路经济带"合作的"共享观念"体现的是一种创新的合作模式。首先，建立在基础设施建设及投资上的合作，将解决中亚各国交通运输落后的现状。其次，基于经济带的合作，是以交通沿线相对发达的城市或经济区为轴心，不同地区的经济密切分工合作，彼此之间通关便利，产业对接。最后，是互惠共赢的合作，"丝绸之路经济带"通过基础设施建设达到互联互通，使各国成为互惠的利益共同体，通过扩大经济贸易联系、增加就业机会、改善民众生活条件，惠及沿线各族百姓，"丝绸之路经济带"是共赢的发展共同体。

实现"丝绸之路经济带"观念制度的互联互通，还需要以上海合作组织这样的政府首脑会议、政治会议等形式不断强化不同地区及国家对"丝绸之路经济带"观念的认同。

7.3.3 人文交流互联互通的合作

人员往来、人文交流对于促进"丝绸之路经济带"的互联互通具有十分重要的意义，中华文化与伊斯兰文化作为古代四大文化体系的重要构成推动了不同民族的融合，对人类文明的发展与进步做出过巨大贡献。明清时期，中国穆斯林先贤们就构建了"回儒一体"的思想体系[102]，"清真一教，其说本于天，而理宗于一，与吾儒大相表里"。中华传统文化追求"天人合一""和而不同"的和谐境界，伊斯兰文化倡导敬主爱人、守正不偏，追求和平中正的和谐之道。“加强对优秀传统文化思想价值的挖掘和阐发，维护民族文化基本元素，使优秀传统文化成为新时代鼓舞人民前进的精神力量”[90]。中华文化兼容并蓄的文化特质具有多元文化和历史的包容性，“和而不同”的东方哲学是“丝绸之路经济带”沿线各国、各地区互联互通“以德相融”的文化基础。人文交流包括促进文化、宗教、卫生、跨境旅游，教育培训、学术团体、体育、新闻媒体、汉语教学等诸多方面，它可以强化“非物质层面的互联互通”和民心相通，奠定各地区经济交流的民间基础，促进各国民众间的相互理解和区域稳定。

7.4 “丝绸之路经济带”背景下陕西省互联互通的发展路径

“丝绸之路经济带”互联互通工作的规划，要实现包容发展，坚持各国共享机遇、共迎挑战、共创繁荣；实现优势互补、互通有无，减少交易成本、流通成本，缩小地区发展差距，巩固和深化区域合作，提升区域竞争力，加快亚洲一体化发展进程，带来区域的和平与发展。

7.4.1 完善交通网络，基础设施建设先行

陆路运输方面，对已开通的中亚班列“长安号”适时加开，同时增强货物在陕西省的集聚和分拨能力。航空方面，打造“空中丝绸之路”，力争开通西安至阿拉木图、西安至罗马的直达航线，对已开通的国际航线增加航班密度；对飞往中亚国家的航线，可以尝试先包机逐步转向定期开通的模式。2014 年 10 月，海关总署已正式批准西安设立具有多式联运功能的海关监管场所，进一步完善了“西安港”港口功能。“西安港”要加强与东部沿海港口及沿边口岸的合作，通过申报“西安港”的港口代码，加入中国海港体系和国际贸易与运输体系，以便融入世界贸易网络。

7.4.2 增进农业技术合作，发挥杨凌农科优势

2013 年，杨凌乐达生物科技有限公司对吉尔吉斯斯坦楚河州的田园牧业投资 6 亿元，建设“牧草种植加工示范基地”和“温室花卉繁育基地”[103]。2014 年 7 月，中亚首个杨凌现代农业国际合作示范基地在吉尔吉斯斯坦首都比什凯克东郊的莫斯科区成立，由于旱区自然条件的高度趋同，中亚国家对旱作现代农业科技需求迫切，开展节水农业、良种繁育等领域的合作具有重要意义。陕西省要充分发挥杨凌的农业科技优势，着眼于互惠互利，着力构建长期稳固的农业合作新机制，加强农业人才交流，推广农业产业化项目合作，与“丝绸之路经济带”沿线国家农业科研机构建立交流与合作的工作机制，加强友好往来，全面提升“丝绸之路经济带”农业合作水平，共同解决贫困问题，

使杨凌农科惠及全球。

7.4.3 建设综合信息平台，促进交流与合作

“丝绸之路经济带”的互联互通是立体交叉、多元汇通的，其务实合作需要搭建互惠互利的合作平台。通过在中亚各国的调研发现，当地企业更愿意与中国政府部门合作，因此应加快设立陕西省政府驻中亚国家经贸办事机构，设立驻中亚各国的商务代办，建立政府牵引、企业进驻的服务体系，广泛搜集需求信息，为企业提供信息服务，密切经贸往来。积极搭建中亚各国的陕西商会、协会、知名企业在中亚地区办事机构的服务平台，借助品牌展会搭建经贸合作平台。西安市被列为国家跨境贸易电子商务服务试点城市，积极搭建跨境电子商务平台，积极筹备各种国际会议，搭建多元文化交流平台，促进文化交流与合作。同时，积极搭建与西北各省通关、商检等方面的合作平台。陕西省已与新疆霍尔果斯、阿拉山口口岸建立了直通放行合作机制，与内蒙古出入境检验检疫局签署《关于陕蒙两地进出口货物实施直通放行合作备忘录》，共同促进货物通关、沿线流通及对外贸易的发展[104]。

7.4.4 构建多边合作机制，促进互信与合作

顺利推进“丝绸之路经济带”建设，需要构建新的多边机制及中国能发挥更重要作用的国际组织。中国积极筹建的亚洲基础设施投资银行，表明中国政府开始在一些领域承担起全球责任[105]。全球存在数万亿美元的基础设施投资缺口，中国政府希望通过亚洲基础设施投资银行向发展中国家提供更多帮助，改善亚太地区的投融资环境，同时推动国际货币基金组织和世界银行等国际组织的发展与改革，中国政府希望在新组建的多边机制及现有的国际组织中发挥更大的作用。中国政府正积极帮助中亚各国加入世界贸易组织。“丝绸之路经济带”的制度规范需要缔结新的区域贸易协议[106]，中国正在和沿线相关经济体广泛开展合作，完善相关区域合作机制。中国政府要充分发挥上海合作组织、亚太经济合作组织、亚洲相互协作与信任措施会议等机制的作用，通过多种途径促进与周边国家的睦邻互信与友好关系，促进各成员方之间的沟通与互信，巩固地区安全和稳定，共同构建双边、多边的沟通、合作机制，促进联合发展。

7.4.5 打造区域金融中心，提供资金保障

第一，积极开展中亚境外投资，截至 2013 年年底，陕西企业累计在中亚设立境外企业 6 家，中方实际投资总额 4.4 亿美元[107]。第二，积极打造能源金融中心，西安已启动西咸新区能源金融中心和浐灞金融商务区的建设，与国家开发银行、中国证监会、中国保监会积极合作，开展离岸金融服务，建设离岸人民币回流机制，积极打造西部能源交易中心和金融结算中心。第三，构建西安—欧亚货币交流平台，吸引欧亚国家各类金融机构在西安设立区域总部或分支机构。第四，构建跨境电子商务平台，西安作为国

家跨境贸易电子商务服务试点城市，要积极开展跨境监管、电子结算、网上支付等领域的合作。第五，推动金融服务机构的合作，推动陕西保险公司、信托公司、融资租赁公司等金融服务机构与中亚各国的合作共融发展[108]。

7.4.6 深化教育培训，增进了解与信任

2014 年，陕西省设立了三秦留学生奖学金，西北大学中亚学院、西安外国语大学中亚学院和丝绸之路研究院也相继成立，西北大学与乌兹别克斯坦撒马尔罕国立大学等高等院校已在师资互派、学生交流等方面开展合作。2014 年 1 月，西北大学成立了一所面向中亚招收留学生、为“丝绸之路经济带”建设培养复合型、技术型人才的中亚学院，该院 2014 年春季共招收中亚学生 118 人，秋季招收中亚学生 166 人。2014 年，陕西省有中亚留学生 1200 名，占全国的 7.5%。中大石油公司是陕西煤业化工集团在吉尔吉斯斯坦投资兴建的独资企业。为了完善国际化人才培养机制，加强中亚地区人才储备，中大石油公司与西北大学中亚学院开展校企合作，携手实施“丝绸之路经济带”建设千人培训计划，计划利用 10 年时间从吉尔吉斯斯坦国内青年中招聘培养 1000 名石油化工专业人才，每年培养 100 人[109]。杨凌中国旱作农业技术援外培训基地举行的“2014 年上海合作组织成员国农业管理研修班”有来自俄罗斯、吉尔吉斯斯坦、哈萨克斯坦、乌兹别克斯坦四国的 12 名农业官员，参加了为期 21 天的研讨学习[109]。

陕西省充分发挥文化交流的优势，开展多种形式的文化教育交流，认真总结近几年培养哈萨克斯坦东干族青年的经验，建设好中亚教育培训基地和上海合作组织大学西安校区，组建与中亚各国大学的合作联盟，不断引入以青少年为重点的教育合作，促进各国人民的相互了解和相互信任。

7.4.7 加强多边旅游合作，弘扬中华文化

2014 年“丝绸之路”跨国联合申遗成功，体现了“丝绸之路经济带”的各国共识。陕西省有 7 处遗迹列入《世界遗产名录》，包括汉长安城、张骞墓、唐大明宫、兴教寺等，这对发展陕西旅游经济，打造陕西旅游品牌，宣传陕西文化，弘扬中华民族传统文化是难得的机遇。陕西作为“丝绸之路”的起点，拥有丰富的旅游文化资源，积极构建以西安为起点的丝绸之路风情体验旅游走廊，向世界展示陕西作为丝绸之路起点的人文、历史及旅游特色。首先，大力拓展入境旅游市场。要不断提高签证签发、边防检查等出入境的服务水平，西安咸阳国际机场口岸“72 小时过境免签”等成功获批，提高了外国人入境过境旅游签证的便利性。要大力拓展入境旅游市场宣传、推广及品牌建设，建立多语种旅游宣传网站。其次，要进一步深化旅游的对外合资合作。积极开拓国际市场，通过构建互联互通的交通、信息和服务网络以及互惠互利的区域旅游合作体，完善国内国际区域旅游合作机制。围绕“丝绸之路经济带”在中亚区域经济合作以及孟加拉国、中国、印度、缅甸经济走廊、中巴经济走廊等区域次区域合作机制框架下，采取有

利于边境旅游的出入境政策，推动中国同中亚、东北亚、中东欧的区域旅游合作，加强旅游多边合作，互惠共赢。

7.4.8 加强文化展会交流，增进互惠互利

2014 年 5 月 24 日，在第十八届中国东西部合作与投资贸易洽谈会暨丝绸之路博览会上，哈萨克斯坦共和国东干族协会名誉主席马西诺夫与陕西省清真食品商会签订合作共建“丝绸之路经济带”清真食品展示中心项目的协议书，项目计划投资 1000 万美元[110]。2014 年 10 月 22～24 日，陕西省在哈萨克斯坦阿拉木图市阿达肯特展览中心举办了“陕西特色产品名优食品展览会”，达成出口贸易意向 246.7 万美元，签订合作协议 6 个，达成合作意向 63 个，达成产品代理意向 54 个[111]。本次展会，陕西省在清真食品、农产品、纺织服装等行业本着互惠互利的原则，以合资合作的形式开展多种合作。在合作的同时，陕西省有关企业注重“授人以鱼不如授人以渔”，注意带动当地的科研和管理水平的提升，以构建和谐共赢的丝绸之路。

综上所述，经济全球化的历程表明，只有坚持对外开放，深度融入世界经济，才能实现可持续发展。“丝绸之路经济带”互联互通的研究，顺应了时代要求及沿线各个国家、地区加快发展经济的共同愿望。挖掘沿线各国共有的深厚历史渊源和人文基础以增加亲切和认同，秉承“和而不同”的东方哲学，“仁、义、礼、智、信”的中华传统，以包容、共赢的大国思维“以德相融”，把快速发展的中国经济同沿线国家的利益结合起来，使沿线各族、各国民众共享“战略红利”。

对陕西省与沿线各国互联互通的研究对“丝绸之路经济带”的建设具有重要的理论价值和实践意义，有利于将我国与中亚国家的区域合作推向纵深层次，逐步建立和完善陕西省与沿线国家从宏观、中观到微观层面的合作机制，提高区域合作的争端解决能力；同时，强调沿线各省区间的互联互通，优化产业结构，加快我国经济转型升级，为“丝绸之路经济带”建设奠定科技基础。展望未来，陕西省要秉承兼容并蓄的中华文化特质，以“和而不同”的东方哲学为指导，以基础设施建设先行、制度规范合作为纲、人文交流为本的合作模式和务实理念，积极拓展合作路径，扩大互联互通领域，为“丝绸之路经济带”建设做出更大贡献。

7.5 案例：“丝绸之路经济带”背景下陕西省与哈萨克斯坦的互联互通

哈萨克斯坦横跨亚欧大陆，是丝绸之路必经之地，担负着“丝绸之路经济带”国际段桥头堡的重任。习近平主席访问哈萨克斯坦时，在纳扎尔巴耶夫大学提出共建“丝绸之路经济带”构想，以及政策沟通、道路联通、贸易畅通、货币流通、民心相通路线图。

哈萨克斯坦总统纳扎尔巴耶夫与习近平主席达成共识，两国率先共建“丝绸之路经济带”。哈萨克斯坦在中国的周边外交中占有重要地位。目前，中国已经超过俄罗斯成为哈萨克斯坦最大的贸易伙伴，且两国贸易额占到中国与中亚五国贸易总额的近 70%[112]。

在中国与哈萨克斯坦的共同努力下，“丝绸之路经济带”构想得到了积极推行。2014 年 5 月 19 日，双方率先启动了位于连云港的中哈物流合作项目；2014 年 12 月 25 日，纳扎尔巴耶夫总统在《哈萨克斯坦新工业化：2014 年和第一个五年计划的成果》的电视讲话中宣布，霍尔果斯—东大门经济特区的基础设施正式投入使用；2015 年 2 月 25 日，“连云港—阿拉木图”货运铁路实现了通车；2015 年年末已完成“欧洲西部—中国西部”高速公路建设；中哈最大的陆路口岸——中哈霍尔果斯国际边境合作中心已投入运营，主要功能是贸易洽谈、商品展示与销售、仓储运输、宾馆饭店、商业服务、金融服务等。2015 年 3 月 28 日，中国政府颁布的《推动共建丝绸之路经济带和 21 世纪海上丝绸之路的愿景与行动》提出了“政策沟通、设施联通、贸易畅通、资金融通、民心相通”的合作目标。在中国与哈萨克斯坦的共同努力下，“道路联通”变成了“设施联通”，而 400 亿美元丝路基金的设立和亚洲基础设施投资银行的运行，使中哈贸易之间原来的“货币流通”变成了“资金融通”，中国与哈萨克斯坦在深化“五通”合作进程中为双方的经济共同繁荣进一步奠定了基础[113]。

7.5.1 中哈互联互通现状

1. 基础设施互联互通

在能源合作及贸易方面，中国与中亚国家能源合作的开始阶段是以油气资源贸易合作为主要内容。以 1997 年中国石油收购哈萨克斯坦阿克纠宾油气田为起点，中国与中亚国家的能源合作已超过 20 年。经过 20 多年的发展，中国与中亚国家的能源贸易联系逐步密切，目前中国已经成为哈萨克斯坦第三大石油进口国[114]，中哈双边贸易出口额从 2005 年的 38.97 亿美元增加到 2014 年的 127.1 亿美元，始终在快速增长；中国自哈萨克斯坦的进口额从 2005 年的 29.09 亿美元增加到 2014 年的 97.4 亿美元[115]。

在交通方面，从中国与哈萨克斯坦合作的基础条件看，双方拥有比较完备的硬件、资金保障。中国与哈萨克斯坦拥有阿拉山口、霍尔果斯两个铁路口岸，位于新疆的阿拉山口和霍尔果斯的两个能源管道，以及两个航空口岸（乌鲁木齐和喀什）和 14 个陆路口岸，在 2004 年签署的《中国与哈萨克斯坦建立中哈霍尔果斯国际边境合作中心的框架协议》下，中哈两国主要口岸已经实施了精简流程的通关程序。

在资金方面，亚洲基础设施投资银行正式成立，丝路基金已启动，一批基础设施互联互通项目已经在稳步推进，大大增强了中国与哈萨克斯坦的合作效应[113]。当前，中国对哈萨克斯坦的直接投资已经占中亚五国之首。2015 年，哈萨克斯坦与中国在非能源领域达成了价值 230 亿美元的协议。中国对哈萨克斯坦的投资每增长 1%，中国自哈萨克斯坦进口额会增加 0.85%[113]。按照哈萨克斯坦国民经济部统计委员会的数据，2013

年哈萨克斯坦与"丝绸之路经济带"沿线国家商品贸易额为378亿美元，占其商品贸易总额的45.5%；出口额为140亿美元，占其出口总额的33.6%；进口额为238亿美元，占其进口总额的65.8%，其中从俄罗斯进口占36.8%，从中国进口占17.1%。

2. 制度观念互联互通

1997年，在《2030年的哈萨克斯坦》这一纲领性文件中，哈萨克斯坦总统纳扎尔巴耶夫对哈萨克斯坦为何要坚持一种"欧亚主义"的地缘政治想象做了比较深入的阐述。该文件指出，欧亚主义"源自我们处于欧亚地区十字路口的地理位置。世界经济与政治的全球过程，将这一要素提升为一个关键的因素。我们的祖先，作为统一突厥家族中的一员，利用这一重要的战略因素以获利：沿着辉煌的丝绸之路，他们在欧洲与亚洲国家之间组成了一条宽阔的贸易走廊。今天，在世界共同体的帮助下，我们开始致力于通过与我们地区的其他国家合作以恢复丝绸之路……我提出并阐述了欧亚主义的理念，我相信，它拥有一种战略性的未来"。可以看出，哈萨克斯坦欧亚主义的地缘政治想象源于其地理位置，追溯到古代的丝绸之路，不仅如此，哈萨克斯坦还致力于复苏这一古老的东西方政治、经济、文化、技术交流的通道[116]。

中国在与哈萨克斯坦政府和企业的合作中，始终坚持"互利共赢"的方针，推动了当地经济社会发展，得到了中哈两国政府和人民的信任。中哈两国同为上海合作组织成员国，两国之间的政治互信与睦邻友好基础十分牢固；中国"一带一路"倡议和哈萨克斯坦"光明之路"计划高度契合，中哈合作的前景十分广泛。面向未来，中国将继续以"开放包容、互利共赢"为目标，加强与"一带一路"沿线国家，特别是哈萨克斯坦的合作，深度参与"一带一路"建设，为推动当地经济社会发展贡献力量。打造中哈合作"利益共同体"和"命运共同体"，推动中哈合作深入、持久、健康发展。

7.5.2 陕西省与哈萨克斯坦的互联互通

哈萨克斯坦作为欧亚经济联盟成员国之一，在中亚诸国中经济实力最强、开放程度最高、地理位置优越、能源资源富饶、基础设施前景可期。自2011年至今，陕西省与哈萨克斯坦的对外贸易总额达到2.2亿美元，进出口产品种类不断增多、结构逐步优化。目前，陕西省与哈萨克斯坦的经贸往来日益密切，双方在现代农业、基础设施建设、新能源利用、交通、医疗、金融、教育、旅游八大领域已开展或预期开展合作的项目30多个，较过去实现重大突破，陕西省在哈萨克斯坦的落地项目正在稳步推进。陕西省与哈萨克斯坦在基础设施建设、现代农业、文化旅游方面将大有作为。

1. 交通合作

西安国际港务区与哈萨克斯坦国家铁路公司在哈萨克斯坦阿斯塔纳达成协议，未来，哈萨克斯坦将把西安作为其他国家发往该国货物及过境货物的集散地。哈萨克斯坦将以新成立的哈铁快运公司作为项目运营主体，负责在哈境内创建多式联运新模式，组织协调从中国到哈萨克斯坦及过境货物运输相关业务，包括从西安国际港务区发出的货物。这意味着西安将成为中国至哈萨克斯坦乃至中亚的国际货运集散地。西安国际港务区管委会副主任韩玲冰介绍，“长安号”是陕西省建设“丝绸之路经济带”新起点和向西开放战略中开通的第一趟国际货运班列，分为从西安到哈萨克斯坦阿拉木图、西安到哈萨克斯坦热姆、西安到荷兰鹿特丹、西安到俄罗斯莫斯科四条线路。“长安号”国际货运班列，是陕西、西安落实共建“丝绸之路经济带”构想，打造“丝绸之路经济带”新起点的重要抓手，将使西安的区位优势、交通枢纽优势和产业优势转化为竞争优势，助力陕西省外向型经济发展和产业结构转型升级。西安的地缘优势、产业优势、港口优势，决定了它是中国与中亚、欧洲各国开展国际贸易中最便捷的物流中转枢纽。“长安号”的持续健康运营，将推动形成以西安为东中转枢纽，辐射中国内陆地区、沿海港口以及东亚、南亚；以新疆和哈萨克斯坦为西中转枢纽，辐射中亚、俄罗斯、欧洲的“哑铃”形丝绸之路物流通道，成为陕西、西安建设“丝绸之路经济带”新起点的有力支撑[117]。

2016 年 3 月 10 日下午，随着由哈萨克斯坦 SCAT 航空公司执行首航任务的客机平稳降落在西安咸阳国际机场，标志着首条西安直达中亚的丝绸之路航线成功首航。该航线的开通，打通了陕西向西开放的空中通道，将为进一步促进陕西与中亚地区深化交流合作、实现共同发展，为陕西省“丝绸之路经济带”新起点建设提供有力支撑。

2. 现代农业合作

哈萨克斯坦与陕西省在农业方面合作前景广阔。陕西大荔等地相关企业利用蔬菜大棚设施及技术在哈萨克斯坦发展设施农业，杨凌等地相关企业在哈萨克斯坦进行苗木、瓜果、蔬菜等的合作种植，在哈萨克斯坦建设“中哈农业科技示范园”，进行小麦、油菜等种植。陕西省拟选择延安洛川果树试验场、海升集团千阳南寨镇苹果园、富平薛镇苹果产业联合社果园、铜川果业有限责任公司耀州区小丘镇移寨村苹果园、荣华富洋（延安）市场推广及冷库有限公司黄陵有机果园、杨凌汇承果业技术开发有限责任公司果园，以及延川、白水、旬邑县各一个果园，共 9 个苹果园为中国（陕西）—哈萨克斯坦苹果友谊园。

陕西迪盛时光农业科技有限公司与哈萨克斯坦阿拉木图州政府签署了《开发建设丝绸之路光伏农业产业园项目框架协议》，陕西海外投资发展股份有限公司与哈萨克斯坦国际一体化基金驻中国（西安）代表处签署了“战略合作框架协议”。双方企业还在能源科技、农业、食品加工、交通物流、外经外贸、旅游文化等领域进行了项目对接。

3. 食品合作

2016 年 3 月 26 日，首趟“长安号”回程班列是西安国际港务区入区企业西安爱菊粮油工业集团（以下简称“爱菊集团”）的油脂专列，装载着 2000 吨哈萨克斯坦无污染、非转基因的高品质油脂。2015 年 5 月以来，爱菊集团主动作为，积极贯彻落实中央“一带一路”倡议，达成了在哈萨克斯坦投资粮油种植和油脂加工意向，并正式签署了合作文件。该项目作为我国唯一一项粮油加工型农业项目被国家发改委列入“中哈 52 个产能合作项目清单”。通过该项目建设，实现粮油原料国外种植、国外初加工、国内精深加工销售的“种植—加工—销售”全产业链运作模式。2015 年 6 月 1 日，爱菊集团在哈萨克斯坦投资建设的占地 200 亩、年产食用油 16 万吨、年产面粉 20 万吨的加工厂破土动工。截至目前，爱菊集团已在哈萨克斯坦实际投资 7500 万元。爱菊集团将在哈萨克斯坦兴建一座年加工能力达 16 万吨的油脂厂，项目已被列入“中哈产能与投资 52 个早期收获项目清单”，此外还计划在哈萨克斯坦租赁土地进行原料种植。在相关配套设施完全投入生产后，爱菊集团有望实现每年进口 10 万吨粮食等物资，所需回程班列将达 20～50 趟，为“长安号”回程班列的常态化开行提供稳定的货源支持。随着“长安号”国际货运回程班列的开行，中亚地区的小麦、食用油、棉花、蜂蜜、牛羊肉等优质农产品将通过“长安号”班列运至中国，实现中国和中亚国家贸易真正意义上的互联互通。将来，会有更多陕西省企业搭乘“长安号”走出国门，有力地助推“丝绸之路经济带”新起点建设和西安、陕西乃至西部开放型经济发展[118]。哈萨克斯坦企业还将与陕西众天蜂蜜食品公司在西安合资建厂，建设方案目前正在规划当中[119]。

4. 文化交流合作——陕西村

中国和哈萨克斯坦以人文交流合作为突破口，牢固构筑人文社会交流的民心大通道[120]。中哈两国有着很深厚的历史情谊，哈萨克斯坦有个陕西村。在中亚哈萨克斯坦、乌兹别克斯坦和吉尔吉斯斯坦三国交界处居住着一百多年前从陕西迁去的回民，他们黄皮肤、黑头发，至今还保留着 130 多年前陕西关中地区的方言和风俗习惯。因自称来自“东岸子”被称为东干族。

140 年前，东干人从白鹿原西逃，最终落脚中亚。乡音未改，祖辈流传，“咱的祖国是中国，来自东岸子”。130 多年前，白彦虎等回民起义军首领，带领着数以万计的回族人，拖家带口离开陕西西逃。一路上在清军的围追堵截下，他们且战且退，过戈壁，爬雪山，忍饥饿，受严寒，经历了千辛万苦，人数不断减少，有的战死，有的因无法再走留在沿途，还有的因冻、饿、疾病丧生途中，1877 年 12 月到达中亚时仅剩下 3314 人。当地首领问这些“难民”是哪里人，他们用陕西关中方言回答“东岸子”，当地人听不懂陕西话，音译过去，成了“东干”，于是称他们是“东干人”。1924 年，苏联进行民族识别和划分，将他们登记为“东干族”。

到达中亚后，白彦虎带领这群陕西乡党，克服人生地不熟、语言不通等重重困难，在吉尔吉斯斯坦托克马克、哈萨克斯坦江布尔州库尔达伊县营盘等地定居下来，建立起一处处大小不一的“陕西村”，如今已经有了七八代人，人数超过十万。他们自称“中原人”等，代代相传是陕西关中“东岸子人”。哈萨克斯坦“陕西村”的东干人和哈萨克斯坦人和睦地生活在一起[121]。

中国改革开放后，东干人开始在新疆伊犁地区从事边贸活动，后来与老家陕西建立联系，从西安引进技术、项目，发展经济。现在年轻一代东干人到西安学习，利用语言和民族优势，到中国驻哈萨克斯坦企业工作，成为中哈经贸合作的桥梁和丝绸之路经济带建设的骨干[122]。一百多年前，哈萨克斯坦东干人的先辈从中国迁徙到这里，经历过很多苦难。现在是东干人最好的时候，在建设“丝绸之路经济带”的时代背景下，中国和中亚各国加强交流合作，这就让会多国语言、有专业知识的东干年轻人有了施展个人才华的更大舞台。从 1999 年开始，东干协会向中国送出 1500 人，到北京、西安、兰州学习汉语和专业知识。第一批东干人因为能流利地说汉语和俄语、哈萨克语，就在边境从事贸易活动；第二批东干人会把中国相对优势的人才、技术资源引进到这里，建立蔬菜大棚、食品加工厂、水泥厂等；到了第三个阶段，随着越来越多的东干年轻人掌握了语言和专业知识，逐渐进入到了企业的管理层，成为中哈经济文化交流的骨干。在丝绸之路经济带沿线国家，东干人有 28 个分布点，他们天然地成为丝绸之路经济带上中国与中亚国家最好的交流使者。

5. 旅游合作

哈萨克斯坦是古丝绸之路上的明珠，2100 多年前，东西方文明就在此交融交流，为开启中国同中亚、西亚、欧洲各国商贸、交通等合作做出了重要贡献。随着“一带一路”建设的深入推进，陕西省正在加快构建以西安为起点的丝绸之路风情体验走廊，全力打造“丝绸之路起点”旅游品牌，同哈萨克斯坦的旅游合作领域也在不断扩大，规模逐渐提升。2016 年 3 月 10 日，西安直飞阿拉木图的国际航线正式开通，为双方的旅游合作谱写了新的篇章。未来，陕西省旅游局还将组织省内旅游企业赴哈萨克斯坦开展宣传推广和旅游产品线路考察活动，进一步推进哈萨克斯坦与陕西的旅游交流合作。

哈萨克斯坦是古丝绸之路经过的地方，“丝绸之路：长安—天山廊道的路网”世界文化遗产申请获批，为丝绸之路旅游线路从中国延伸到哈萨克斯坦创造了条件。哈萨克斯坦不仅有八处丝绸之路世界文化遗产，而且有亚欧大陆最大的草原，有堪比科罗拉多大峡谷之美的恰伦大峡谷，共同构成了“丝绸之路经济带”旅游线路。

6. 教育合作

1991 年 12 月 16 日，哈萨克斯坦宣布独立。1992 年 1 月 3 日，中国政府代表田曾佩与哈萨克斯坦政府代表苏列伊曼诺夫签署了中国和哈萨克斯坦建交联合公报，两国正式建交。此后，中哈双方在经济、科技、文化、教育等方面展开交流与合作，达成多项共识。特别是中哈经贸往来的频繁，带动哈萨克斯坦的“汉语热”，越来越多的哈萨克斯坦人留学中国，学习汉语。

哈萨克斯坦东干协会是哈萨克斯坦境内 5.6 万东干族人的民间组织。近年来该协会积极推动与陕西的教育文化交流工作，成为输出留学生的重要渠道。由于其与陕西西安的特殊关系，他们与西安高校的合作与联系高于其他城市，因此，大量来中国留学的学生直接被东干协会推荐到西安高校就读[123]。

出席 2013 年第五届欧亚经济论坛的哈萨克斯坦前总理、总统特命全权大使、哈萨克斯坦国际一体化基金会主席捷列先科一行访问陕西师范大学。捷列先科希望在哈萨克斯坦国际一体化基金会的推动下，双方能在农业等领域开展深入合作，并且根据习近平主席提出的政府奖学金项目，希望陕西师范大学对哈萨克斯坦留学生提供奖学金资助，基金会也将对家庭困难的东干族学生进行资助，双方将共同为“丝绸之路经济带”建设做出努力。

目前陕西省有中亚留学生 1200 多名，而陕西师范大学是陕西省中亚留学生培养人数较多的院校之一，他们主要来自哈萨克斯坦、吉尔吉斯斯坦、乌兹别克斯坦等国。近几年不仅是中亚留学生数量越来越多，这些中亚留学生的学习内容也发生了变化：最初多数只是学习语言，现在越来越多的中亚留学生有意在中国学习商贸、医学、石油等专业。

陕西省设立三秦奖学金，以吸引更多的留学生来陕学习。陕西师范大学中亚研究所所长李琪说：“中国与中亚国家在教育领域的交流将培养大量有意于促进双方合作的人才，这将为未来各领域的亲密合作打下坚实的社会基础。”[124]

7. 能源、基础设施等合作

在能源方面，2015 年 8 月，陕西省与中国电力投资集团公司子公司——黄河中上游水电公司在哈萨克斯坦合作建设了两座太阳能电站（100 兆瓦）和一座风能电站（100 兆瓦）。在基础设施建设方面，陕西省与中铁一局、荣华公司等企业在哈萨克斯坦进行城市基础设施建设。2015 年陕西省卫计委与哈萨克斯坦东干协会签订了援建“陕西村”医院框架协议。

第8章

8 结　语

“我的家乡中国陕西省，就位于古丝绸之路的起点。站在这里，回顾历史，我仿佛听到了山间回荡的声声驼铃，看到了大漠飘飞的袅袅孤烟。这一切，让我感到十分亲切。”2013年9月7日，国家主席习近平在哈萨克斯坦纳扎尔巴耶夫大学发表了《弘扬人民友谊 共创美好未来》的重要演讲，用诗一般的语言向人们讲述了横贯东西、连接欧亚的古丝绸之路与中国的悠长历史。

习近平主席提出的共建“丝绸之路经济带”的宏伟倡议，在国内外引起了广泛反响。为尽快把这张宏伟蓝图变成美好现实，陕西省委、省政府迅速做出了“建设丝绸之路经济带新起点”的决策部署，全省上下抢抓机遇、顺势突破。相对于古丝绸之路，“新起点”被赋予了崭新、丰富、独特的内涵。全省上下齐心打造的开放合作的新陕西，正呈现出生机勃勃的良好态势。

陕西省信息服务业近几年取得了一定的成绩，但仍存在不少问题。陕西省信息服务业的发展依赖于各方的共同努力和积极配合，需紧紧抓住信息服务业面临的全新机遇，坚持以企业为主体，辅以政府引导和扶持，同时以各大园区为中心，提升高校及科研院所创新转化能力，培育新兴业态，促进信息消费以带动区域、行业和企业的大发展。

陕西省信息服务业面对复杂的信息服务生态系统，激发信息服务生态主体的主观能动性和创造力，提高信息素养及共享意识，以促成各参与主体之间的协同配合与创新，形成合力共同推动系统的平衡和可持续发展。同时，信息服务生态环境的支撑和保障作用不容忽视，强化政府的主导作用，建立和完善信息制度，建立信息需求与利益需求互利共赢的商业模式创新体系及稳定的价值网络关系，将有利于陕西省信息服务生态系统结构的不断完善，功能的逐步完善，生态效益的合理、持续。

陕西省信息服务业可以从推广陕西旅游、弘扬“丝路”文化、促进民心相通出发，利用信息化手段丰富旅游业传统宣传模式，借助多种互联网信息咨询服务的力量，分别用多个语种展示中华文化、印度文化、波斯文化、阿拉伯文化、古希腊文化和古罗马文化，以此拓宽陕西旅游信息的宣传途径，扩大“丝路”文化受众人数；强化旅游设施信息化建设，加快推进智慧旅游进程，根据收集到的游客过往旅游信息，为其提供全方位的服务和富有个性化的体验。同时，还应注意智慧旅游的信息生态问题，确保信息传递及时、准确、全面、交互，从而让陕西旅游和中华文化收获更好的口碑，借游客之口将“丝路”文化推广开来，让更多的人了解中国、了解陕西。

对陕西省与沿线各国、各地区互联互通的研究对“丝绸之路经济带”建设具有重要的理论价值和实践意义，有利于将中国与中亚国家的区域经济合作推向纵深，逐步建立和完善陕西省与沿线国家从宏观、中观到微观层面上的合作机制，提高区域合作的争端解决能力，维护国家安全；同时强调沿线各省区间的互联互通，优化产业结构，加快我国经济转型升级，为“丝绸之路经济带”建设奠定科技基础。展望未来，陕西省要秉承兼容并蓄的中华文化特质，以“和而不同”的东方哲学为指导，以基础设施建设先行、制度规范合作为纲、人文交流为本的合作模式，务实理念，积极拓展合作路径，扩大互联互通领域，为“丝绸之路经济带”建设发挥更大作用。

本书构建了陕西省区域信息服务生态系统结构模型。基于陕西省信息服务发展现状，从信息服务生态主体、信息服务生态环境、信息服务生态链等要素出发，构建陕西区域信息服务生态系统结构模型，并通过对信息生态系统模型各要素的分析，提出优化途径。从技术支撑、价值网络、合作共赢多角度，探讨商业模式创新。从基于技术创新的商业模式创新、基于价值网络的商业模式创新及基于合作共赢的商业模式创新多角度出发，探讨了建设“丝绸之路经济带”背景下陕西省信息服务商业模式创新的建议。

本书从东方哲学的文化认同角度出发，创新了“丝绸之路经济带”区域互联互通合作模式。“丝绸之路经济带”互联互通合作模式应以合作共赢为原则，而“和而不同”的东方哲学是“丝绸之路经济带”互联互通、“以德相融”的文化基础。结合陕西省“丝绸之路经济带”新起点的战略地位，构建“丝绸之路经济带”互联互通合作模式：基础设施先行，制度规范为纲，人文交流为本。

附录　“丝绸之路经济带”建设相关政策

附录 A　国务院关于促进信息消费扩大内需的若干意见

各省、自治区、直辖市人民政府，国务院各部委、各直属机构：

近年来，全球范围内信息技术创新不断加快，信息领域新产品、新服务、新业态大量涌现，不断激发新的消费需求，成为日益活跃的消费热点。我国市场规模庞大，正处于居民消费升级和信息化、工业化、城镇化、农业现代化加快融合发展的阶段，信息消费具有良好发展基础和巨大发展潜力。与此同时，我国信息消费面临基础设施支撑能力有待提升、产品和服务创新能力弱、市场准入门槛高、配套政策不健全、行业壁垒严重、体制机制不适应等问题，亟须采取措施予以解决。加快促进信息消费，能够有效拉动需求，催生新的经济增长点，促进消费升级、产业转型和民生改善，是一项既利当前又利长远、既稳增长又调结构的重要举措。为加快推动信息消费持续增长，现提出以下意见：

一、总体要求

（一）指导思想

以邓小平理论、“三个代表”重要思想、科学发展观为指导，以深化改革为动力，以科技创新为支撑，围绕挖掘消费潜力、增强供给能力、激发市场活力、改善消费环境，加强信息基础设施建设，加快信息产业优化升级，大力丰富信息消费内容，提高信息网络安全保障能力，建立促进信息消费持续稳定增长的长效机制，推动面向生产、生活和管理的信息消费快速健康增长，为经济平稳较快发展和民生改善发挥更大作用。

（二）基本原则

市场导向、改革发展。加快政府职能转变和管理创新，充分发挥市场作用，打破行业进入壁垒，促进信息资源开放共享和企业公平竞争，在竞争性领域坚持市场化运行，在社会管理和公共服务领域积极引入市场机制，增强信息消费发展的内生动力。

需求牵引、创新发展。引导企业立足内需市场，强化创新基础，提高创新层次，鼓励多元发展，加快关键核心信息技术和产品研发，鼓励业务模式创新，培育发展新型业态，提升信息产品、服务、内容的有效供给水平，挖掘和释放消费潜力。

完善环境、有序发展。建立和完善有利于扩大信息消费的政策环境，综合利用有线无线等技术适度超前部署宽带基础设施，运用信息平台改进公共服务，完善市场监管，规范产业发展秩序，加强个人信息保护和信息安全保障，建设安全诚信有序的信息消费市场环境。

（三）主要目标

信息消费规模快速增长。到 2015 年，信息消费规模超过 3.2 万亿元，年均增长 20% 以上，带动相关行业新增产出超过 1.2 万亿元，其中基于互联网的新型信息消费规模达到 2.4 万亿元，年均增长 30%以上。基于电子商务、云计算等信息平台的消费快速增长，电子商务交易额超过 18 万亿元，网络零售交易额突破 3 万亿元。

信息基础设施显著改善。到 2015 年，适应经济社会发展需要的宽带、融合、安全、泛在的下一代信息基础设施初步建成，城市家庭宽带接入能力基本达到每秒 20 兆比特（Mbps），部分城市达到 100Mbps，农村家庭宽带接入能力达到 4Mbps，行政村通宽带比例达到 95%。智慧城市建设取得长足进展。

信息消费市场健康活跃。面向生产、生活和管理的信息产品和服务更加丰富，创新更加活跃，市场竞争秩序规范透明，消费环境安全可信，信息消费示范效应明显，居民信息消费的选择更加丰富，消费意愿进一步增强。企业信息化应用不断深化，公共服务信息需求有效拓展，各类信息消费的需求进一步释放。

二、加快信息基础设施演进升级

（一）完善宽带网络基础设施

发布实施“宽带中国”战略，加快宽带网络升级改造，推进光纤入户，统筹提高城乡宽带网络普及水平和接入能力。开展下一代互联网示范城市建设，推进下一代互联网规模化商用。推进下一代广播电视网规模建设。完善电信普遍服务补偿机制，加大支持力度，促进提供更广泛的电信普遍服务。持续推进电信基础设施共建共享，统筹互联网数据中心（IDC）等云计算基础设施布局。各级人民政府要将信息基础设施纳入城乡建设和土地利用规划，给予必要的政策资金支持。

（二）统筹推进移动通信发展

扩大第三代移动通信（3G）网络覆盖，优化网络结构，提升网络质量。根据企业申请情况和具备条件，推动于 2013 年内发放第四代移动通信（4G）牌照。加快推进我国主导的新一代移动通信技术时分双工模式移动通信长期演进技术（TD-LTE）网络建设和产业化发展。

（三）全面推进三网融合

加快电信和广电业务双向进入，在试点基础上于 2013 年下半年逐步向全国推广。推动中国广播电视网络公司加快组建，推进电信网和广播电视网基础设施共建共享。加快推动地面数字电视覆盖网建设和高清交互式电视网络设施建设，加快广播电视模数转换进程。鼓励发展交互式网络电视（IPTV）、手机电视、有线电视网宽带服务等融合性业务，带动产业链上下游企业协同发展，完善三网融合技术创新体系。

三、增强信息产品供给能力

（一）鼓励智能终端产品创新发展

面向移动互联网、云计算、大数据等热点，加快实施智能终端产业化工程，支持研发智能手机、智能电视等终端产品，促进终端与服务一体化发展。支持数字家庭智能终端研发及产业化，大力推进数字家庭示范应用和数字家庭产业基地建设。鼓励整机企业与芯片、器件、软件企业协作，研发各类新型信息消费电子产品。支持电信、广电运营单位和制造企业通过定制、集中采购等方式开展合作，带动智能终端产品竞争力提升，夯实信息消费的产业基础。

（二）增强电子基础产业创新能力

实施平板显示工程，推动平板显示产业做大做强，加快推进新一代显示技术突破，完善产业配套能力。以重点整机和信息化应用为牵引，依托国家科技计划（基金、专项）和重大工程，大力提升集成电路设计、制造工艺技术水平。支持地方探索发展集成电路的融资改革模式，利用现有财政资金渠道，鼓励和支持有条件的地方政府设立集成电路产业投资基金，引导社会资金投资集成电路产业，有效解决集成电路制造企业融资瓶颈。支持智能传感器及系统核心技术的研发和产业化。

（三）提升软件业支撑服务水平

加强智能终端、智能语音、信息安全等关键软件的开发应用，加快安全可信关键应用系统推广。面向企业信息化需求，突破核心业务信息系统、大型应用系统等的关键技术，开发基于开放标准的嵌入式软件和应用软件，加快产品生命周期管理（PLM）、制造执行管理系统（MES）等工业软件产业化。加强工业控制系统软件开发和安全应用。加快推进企业信息化，提升综合集成应用和业务协同创新水平，促进制造业服务化。大力支持软件应用商店、软件即服务（SaaS）等服务模式创新。

四、培育信息消费需求

（一）拓展新兴信息服务业态

发展移动互联网产业，鼓励企业设立移动应用开发创新基金，推进网络信息技术与服务模式融合创新。积极推动云计算服务商业化运营，支持云计算服务创新和商业模式创新。面向重点行业和重点民生领域，开展物联网重大应用示范，提升物联网公共服务能力。加快推动北斗导航核心技术研发和产业化，推动北斗导航与移动通信、地理信息、卫星遥感、移动互联网等融合发展，支持位置信息服务（LBS）市场拓展。完善北斗导航基础设施，推进北斗导航服务模式和产品创新，在重点区域和交通、减灾、电信、能源、金融等重点领域开展示范应用，逐步推进北斗导航和授时的规模化应用。大力发展地理信息产业，拓宽地理信息服务市场。

（二）丰富信息消费内容

大力发展数字出版、互动新媒体、移动多媒体等新兴文化产业，促进动漫游戏、数字音乐、网络艺术品等数字文化内容的消费。加快建立技术先进、传输便捷、覆盖广泛的文化传播体系，提升文化产品多媒体、多终端制作传播能力。加强数字文化内容产品和服务开发，建立数字内容生产、转换、加工、投送平台，丰富信息消费内容产品供给。加强基于互联网的新兴媒体建设，实施网络文化信息内容建设工程，推动优秀文化产品网络传播，鼓励各类网络文化企业生产提供健康向上的信息内容。

（三）拓宽电子商务发展空间

完善智能物流基础设施，支持农村、社区、学校的物流快递配送点建设。各级人民政府要出台仓储建设用地、配送车辆管理等方面的鼓励政策。大力发展移动支付等跨行业业务，完善互联网支付体系。加快推进电子商务示范城市建设，实施可信交易、网络电子发票等电子商务政策试点。支持网络零售平台做大做强，鼓励引导金融机构为中小网商提供小额贷款服务，推动中小企业普及应用电子商务。拓展移动电子商务应用，积极培育城市社区、农产品电子商务。建设跨境电子商务通关服务平台和外贸交易平台，实施与跨境电子商务相适应的监管措施，鼓励电子商务“走出去”。

五、提升公共服务信息化水平

（一）促进公共信息资源共享和开发利用

制定公共信息资源开放共享管理办法，推动市政公用企事业单位、公共服务事业单位等机构开放信息资源。加快启动政务信息共享国家示范省市建设，鼓励引导公共信息资源的社会化开发利用，挖掘公共信息资源的经济社会效益。支持电信和广电运营企业、互联网企业、软件企业和广电播出机构发挥优势，参与公共服务云平台建设运营。加快推进国家政务信息化工程建设，建立完善国家基础信息资源和政府信息资源，建立政府公共服务信息平台，整合多部门资源，提高共享能力，促进互联互通，有效提高公共服务水平。

（二）提升民生领域信息服务水平

加快实施“信息惠民”工程，提升公共服务均等普惠水平。推进优质教育信息资源共享，实施教育信息化“三通工程”，加快建设教育信息基础设施和教育资源公共服务平台。推进优质医疗资源共享，完善医疗管理和服务信息系统，普及应用居民健康卡、电子健康档案和电子病历，推广远程医疗和健康管理、医疗咨询、预约诊疗服务。推进养老机构、社区、家政、医疗护理机构协同信息服务。建立公共就业信息服务平台，加快就业信息全国联网。加快社会保障公共服务体系建设，推进社会保障一卡通，建设医保费用中央和省级结算平台，推进医保费用跨省即时结算。规范互联网食品药品交易行为，推进食品药品网上阳光采购，强化质量安全。提高面向残疾人的信息无障碍服务能力。大力推进广播电视“户户通”工程，提升广播电视公共服务水平。推进地理信息公共服务平台建设。完善农村综合信息服务体系，加强涉农信息资源整合。大力推进金融集成电路卡（IC卡）在公共服务领域的一卡多应用。

（三）加快智慧城市建设

在有条件的城市开展智慧城市试点示范建设。各试点城市要出台鼓励市场化投融资、信息系统服务外包、信息资源社会化开发利用等政策。支持公用设备设施的智能化改造升级，加快实施智能电网、智能交通、智能水务、智慧国土、智慧物流等工程。鼓励各类市场主体共同参与智慧城市建设。在国务院批准发行的地方政府债券额度内，由各省、自治区、直辖市人民政府统筹考虑安排部分资金用于智慧城市建设。鼓励符合条件的企业发行募集资金用于智慧城市建设的企业债。

六、加强信息消费环境建设

（一）构建安全可信的信息消费环境基础

大力推进身份认证、网站认证和电子签名等网络信任服务，推行电子营业执照。推动互联网金融创新，规范互联网金融服务，开展非金融机构支付业务设施认证，建设移动金融安全可信公共服务平台，推动多层次支付体系的发展。推进国家基础数据库、金融信用信息基础数据库等数据库的协同，支持社会信用体系建设。

（二）提升信息安全保障能力

依法加强信息产品和服务的检测和认证，鼓励企业开发技术先进、性能可靠的信息技术产品，支持建立第三方安全评估与监测机制。加强与终端产品相连接的集成平台的建设和管理，引导信息产品和服务发展。加强应用商店监管。加强政府和涉密信息系统安全管理，保障重要信息系统互联互通和部门间信息资源共享安全。落实信息安全等级保护制度，加强网络与信息安全监管，提升网络与信息安全监管能力和系统安全防护水平。

（三）加强个人信息保护

落实全国人大常委会关于加强网络信息保护的决定，积极推动出台网络信息安全、个人信息保护等方面的法律制度，明确互联网服务提供者保护用户个人信息的义务，制定用户个人信息保护标准，规范服务商对个人信息收集、储存及使用。

（四）规范信息消费市场秩序

依法加强对信息服务、网络交易行为、产品及服务质量等的监管，查处侵犯知识产权、网络欺诈等违法犯罪行为。加强从业规范宣传，引导企业诚信经营，切实履行社会责任，抵制排挤或诋毁竞争对手、侵害消费者合法权益等违法行为。强化行业自律机制，积极发挥行业协会作用，鼓励符合条件的第三方信用服务机构开展商务信用评估。完善企业争议调解机制，防止企业滥用市场支配地位等不正当竞争行为。进一步拓宽和健全消费维权渠道，强化社会监督。

七、完善支持政策

（一）深化行政审批制度改革

严格控制新增行政审批项目。对现有涉及信息消费的审批、核准、备案等行政审批事项评估清理，最大限度缩小范围，着重减少非行政许可审批和资质资格许可，着力消除阻碍信息消费的各种行业性、地区性、经营性壁垒。在已取消部分行政审批项目的基础上，年底前再取消或下放电信资费、计算机信息系统集成企业资质认定、信息系统工程监理单位资质认证和监理工程师资格认定等一批行政审批事项和行政管理事项。优化确需保留的行政审批程序，推行联合审批、一站式服务、限时办结和承诺式服务。按照"先照后证、宽进严管"思路，加快推进注册资本认缴登记制度，降低互联网企业设立门槛。

（二）加大财税政策支持力度

完善高新技术企业认定管理办法，经认定为高新技术企业的互联网企业依法享受相应的所得税优惠税率。落实企业研发费用税前加计扣除政策，合理扩大加计扣除范围。积极推进邮电通信业营业税改增值税改革试点。进一步落实鼓励软件和集成电路产业发展的若干政策。加大现有支持小微企业税收政策落实力度，切实减轻互联网小微企业负担。研究完善无线电频率占用费政策，支持经济社会信息化建设。

（三）切实改善企业融资环境

金融机构应当按照支持小微企业发展的各项金融政策，对互联网小微企业予以优先支持。鼓励创新型、成长型互联网企业在创业板等上市，稳步扩大企业债、公司债、中期票据和中小企业私募债券发行。探索发展并购投资基金，规范发展私募股权投资基金、风险投资基金创新产品，完善信息服务业创业投资扶持政策。鼓励金融机构针对互联网企业特点创新金融产品和服务方式，开展知识产权质押融资。鼓励融资性担保机构帮助互联网小微企业增信融资。

（四）改进和完善电信服务

建立健全基础电信运营企业与互联网企业、广电企业、信息内容供应商等合作和公平竞争机制，规范企业经营行为，加强资费监管。基础电信运营企业要增强基础电信服务能力，实现电信资费合理下降和透明收费。鼓励民间资本参与宽带网络基础设施建设，扩大民间资本开展移动通信转售业务试点，支持民间资本在互联网领域投资，加快落实民间资本经营数据中心业务相关政策，简化数据中心牌照发放审批程序，鼓励民间资本以参股方式进入基础电信运营市场。完善电信、互联网监管制度和技术手段，保障企业实现平等接入，用户实现自主选择。

（五）加强法律法规和标准体系建设

推动修订商标法、消费者权益保护法、标准化法、著作权法等法律，加快修订互联网信息服务管理办法、商用密码管理条例等行政法规。加快重点及新兴信息消费领域产品、服务标准体系建设，发挥标准对产业发展的支撑作用。加大知识产权保护力度，引导标准、专利等产业联盟健康有序发展。

（六）开展信息消费统计监测和试点示范

科学制定信息消费的统计分类和标准，开展信息消费统计和监测。加强信息平台建设，保证统计数据的可用性、可信性和时效性。加强运行分析，实时向社会发布相关信息，合理引导消费预期。在有条件的地区开展信息消费试点示范市（县、区）建设，支持新型信息消费示范项目建设，鼓励地方各级人民政府因地制宜研究制定促进信息消费的优惠政策。

各地区、各部门要按照本意见的要求，进一步认识促进信息消费对扩大内需的积极作用，切实加强组织领导和协调配合，明确任务落实责任，尽快制定具体实施方案，完善和细化相关政策措施，扎实做好相关工作，确保取得实效。

附录B　国务院关于加快发展生产性服务业促进产业结构调整升级的指导意见

各省、自治区、直辖市人民政府，国务院各部委、各直属机构：

国务院高度重视服务业发展。近年来陆续出台了家庭、养老、健康、文化创意等生活性服务业发展指导意见，服务供给规模和质量水平明显提高。与此同时，生产性服务业发展相对滞后、水平不高、结构不合理等问题突出，亟待加快发展。生产性服务业涉及农业、工业等产业的多个环节，具有专业性强、创新活跃、产业融合度高、带动作用显著等特点，是全球产业竞争的战略制高点。加快发展生产性服务业，是向结构调整要动力、促进经济稳定增长的重大措施，既可以有效激发内需潜力、带动扩大社会就业、持续改善人民生活，也有利于引领产业向价值链高端提升。为加快重点领域生产性服务业发展，进一步推动产业结构调整升级，现提出以下意见：

一、总体要求

（一）指导思想

以邓小平理论、“三个代表”重要思想、科学发展观为指导，深入贯彻党的十八大和十八届二中、三中全会精神，全面落实党中央、国务院各项决策部署，科学规划布局，放宽市场准入，完善行业标准，创造环境条件，加快生产性服务业创新发展，实现服务业与农业、工业等在更高水平上有机融合，推动我国产业结构优化调整，促进经济提质增效升级。

（二）基本原则

坚持市场主导。处理好政府和市场的关系，使市场在资源配置中起决定性作用和更好发挥政府作用，鼓励和支持各种所有制企业根据市场需求，积极发展生产性服务业。

坚持突出重点。以显著提升产业发展整体素质和产品附加值为重点，围绕全产业链的整合优化，充分发挥生产性服务业在研发设计、流程优化、市场营销、物流配送、节能降耗等方面的引领带动作用。

坚持创新驱动。建立与国际接轨的专业化生产性服务业体系，推动云计算、大数据、物联网等在生产性服务业的应用，鼓励企业开展科技创新、产品创新、管理创新、市场创新和商业模式创新，发展新兴生产性服务业态。

坚持集聚发展。适应中国特色新型工业化、信息化、城镇化、农业现代化发展趋势，深入实施区域发展总体战略和主体功能区战略，因地制宜引导生产性服务业在中心城市、制造业集中区域、现代农业产业基地以及有条件的城镇等区域集聚，实现规模效益和特色发展。

二、发展导向

以产业转型升级需求为导向，进一步加快生产性服务业发展，引导企业进一步打破“大而全”“小而全”的格局，分离和外包非核心业务，向价值链高端延伸，促进我国产业逐步由生产制造型向生产服务型转变。

（一）鼓励企业向价值链高端发展

鼓励农业企业和涉农服务机构重点围绕提高科技创新和推广应用能力，加快推进现代种业发展，完善农副产品流通体系。鼓励有能力的工业企业重点围绕提高研发创新和系统集成能力，发展市场调研、产品设计、技术开发、工程总包和系统控制等业务。加快发展专业化设计及相关定制、加工服务，建立健全重大技术装备第三方认证制度。促进专利技术运用和创新成果转化，健全研发设计、试验验证、运行维护和技术产品标准等体系。重点围绕市场营销和品牌服务，发展现代销售体系，增强产业链上下游企业协同能力。强化期货、现货交易平台功能。鼓励分期付款等消费金融服务方式。推进仓储物流、维修维护和回收利用等专业服务的发展。

（二）推进农业生产和工业制造现代化

搭建各类农业生产服务平台，加强政策法律咨询、市场信息、病虫害防治、测土配方施肥、种养过程监控等服务。健全农业生产资料配送网络，鼓励开展农机跨区作业、承包作业、机具租赁和维修服务。推进面向产业集群和中小企业的基础工艺、基础材料、基础元器件研发和系统集成以及生产、检测、计量等专业化公共服务平台建设，鼓励开展工程项目、工业设计、产品技术研发和检验检测、工艺诊断、流程优化再造、技能培训等服务外包，整合优化生产服务系统。发展技术支持和设备监理、保养、维修、改造、备品备件等专业化服务，提高设备运行质量。鼓励制造业与相关产业协同处置工业“三废”及社会废弃物，发展节能减排投融资、清洁生产审核及咨询等节能环保服务。

（三）加快生产制造与信息技术服务融合

支持农业生产的信息技术服务创新和应用，发展农作物良种繁育、农业生产动态监测、环境监控等信息技术服务，建立健全农产品质量安全可追溯体系。鼓励将数字技术和智能制造技术广泛应用于产品设计和制造过程，丰富产品功能，提高产品性能。运用互联网、大数据等信息技术，积极发展定制生产，满足多样化、个性化消费需求。促进智能终端与应用服务相融合、数字产品与内容服务相结合，推动产品创新，拓展服务领域。发展服务于产业集群的电子商务、数字内容、数据托管、技术推广、管理咨询等服务平台，提高资源配置效率。

三、主要任务

现阶段，我国生产性服务业重点发展研发设计、第三方物流、融资租赁、信息技术服务、节能环保服务、检验检测认证、电子商务、商务咨询、服务外包、售后服务、人力资源服务和品牌建设。

（一）研发设计

积极开展研发设计服务，加强新材料、新产品、新工艺的研发和推广应用。大力发展工业设计，培育企业品牌、丰富产品品种、提高附加值。促进工业设计向高端综合设计服务转变。支持研发体现中国文化要素的设计产品。整合现有资源，发挥企业创新主体作用，推进产学研用合作，加快创新成果产业化步伐。鼓励建立专业化、开放型的工业设计企业和工业设计服务中心，促进工业企业与工业设计企业合作。完善知识产权交易和中介服务体系，发展研发设计交易市场。开展面向生产性服务业企业的知识产权培训、专利运营、分析评议、专利代理和专利预警等服务。建立主要由市场评价创新成果的机制，加快研发设计创新转化为现实生产力。

（二）第三方物流

优化物流企业供应链管理服务，提高物流企业配送的信息化、智能化、精准化水平，推广企业零库存管理等现代企业管理模式。加强核心技术开发，发展连锁配送等现代经营方式，重点推进云计算、物联网、北斗导航及地理信息等技术在物流智能化管理方面的应用。引导企业剥离物流业务，积极发展专业化、社会化的大型物流企业。完善物流建设和服务标准，引导物流设施资源集聚集约发展，培育一批具有较强服务能力的生产服务型物流园区和配送中心。加强综合性、专业性物流公共信息平台和货物配载中心建设，衔接货物信息，匹配运载工具，提高物流企业运输工具利用效率，降低运输车辆空驶率。提高物流行业标准化设施、设备和器具应用水平以及托盘标准化水平。继续推进制造业与物流业联动发展示范工作和快递服务制造业工作，加强仓储、冷链物流服务。大力发展铁水联运、江海直达、滚装运输、道路货物甩挂运输等运输方式，推进货运汽车（挂车）、列车标准国际化。优化城市配送网络，鼓励统一配送和共同配送。推动城市配送车辆标准化、标识化，建立健全配送车辆运力调控机制，完善配送车辆便利通行措施。在关系民生的农产品、药品、快速消费品等重点领域开展标准化托盘循环共用示范试点。完善农村物流服务体系，加强产销衔接，扩大农超对接规模，加快农产品批发和零售市场改造升级，拓展农产品加工服务。

（三）融资租赁

建立完善融资租赁业运营服务和管理信息系统，丰富租赁方式，提升专业水平，形成融资渠道多样、集约发展、监管有效、法律体系健全的融资租赁服务体系。大力推广大型制造设备、施工设备、运输工具、生产线等融资租赁服务，鼓励融资租赁企业支持中小微企业发展。引导企业利用融资租赁方式，进行设备更新和技术改造。鼓励采用融资租赁方式开拓国际市场。紧密联系产业需求，积极开展租赁业务创新和制度创新，拓展厂商租赁的业务范围。引导租赁服务企业加强与商业银行、保险、信托等金融机构合作，充分利用境外资金，多渠道拓展融资空间，实现规模化经营。建设程序标准化、管理规范化、运转高效的租赁物与二手设备流通市场，建立和完善租赁物公示、查询系统和融资租赁资产退出机制。加快研究制定融资租赁行业的法律法规。充分发挥行业协会作用，加强信用体系建设和行业自律。建立系统性行业风险防范机制，以及融资租赁业统计制度和评价指标体系。

（四）信息技术服务

发展涉及网络新应用的信息技术服务，积极运用云计算、物联网等信息技术，推动制造业的智能化、柔性化和服务化，促进定制生产等模式创新发展。加快面向工业重点行业的知识库建设，创新面向专业领域的信息服务方式，提升服务能力。加强相关软件研发，提高信息技术咨询设计、集成实施、运行维护、测试评估和信息安全服务水平，面向工业行业应用提供系统解决方案，促进工业生产业务流程再造和优化。推动工业企业与软件提供商、信息服务提供商联合提升企业生产经营管理全过程的数字化水平。支持工业企业所属信息服务机构面向行业和社会提供专业化服务。加快农村互联网基础设施建设，推进信息进村入户。

（五）节能环保服务

健全节能环保法规和标准体系，增强节能环保指标的刚性约束，严格落实奖惩措施。大力发展节能减排投融资、能源审计、清洁生产审核、工程咨询、节能环保产品认证、节能评估等第三方节能环保服务体系。规范引导建材、冶金、能源企业协同开展城市及产业废弃物的资源化处理，建立交易市场。鼓励结合改善环境质量和治理污染的需要，开展环保服务活动。发展系统设计、成套设备、工程施工、调试运行和维护管理等环保服务总承包。鼓励大型重点用能单位依托自身技术优势和管理经验，开展专业化节能环保服务。推广合同能源管理，建设“一站式”合同能源管理综合服务平台，积极探索节能量市场化交易。建设再生资源回收体系和废弃物逆向物流交易平台。积极发展再制造专业技术服务，建立再制造旧件回收、产品营销、溯源等信息化管理系统。推行环境污染第三方治理。

（六）检验检测认证

加快发展第三方检验检测认证服务，鼓励不同所有制检验检测认证机构平等参与市场竞争，不断增强权威性和公信力，为提高产品质量提供有力的支持保障服务。加强计量、检测技术、检测装备研发等基础能力建设，发展面向设计开发、生产制造、售后服务全过程的分析、测试、计量、检验等服务。建设一批国家产业计量测试中心，构建国家产业计量测试服务体系。加强先进重大装备、新材料、新能源汽车等领域的第三方检验检测服务，加快发展药品检验检测、医疗器械检验、进出口检验检疫、农产品质量安全检验检测、食品安全检验检测等服务，发展在线检测，完善检验检测认证服务体系。开拓电子商务等服务认证领域。优化资源配置，引导检验检测认证机构集聚发展，推进整合业务相同或相近的检验检测认证机构。积极参与制定国际检验检测标准，开展检验检测认证结果和技术能力国际互认。培育一批技术能力强、服务水平高、规模效益好、具有一定国际影响力的检验检测认证集团。加大生产性服务业标准的推广应用力度，深化国家级服务业标准化试点。

（七）电子商务

深化大中型企业电子商务应用，促进大宗原材料网上交易、工业产品网上定制、上下游关联企业业务协同发展，创新组织结构和经营模式。引导小微企业依托第三方电子商务服务平台开展业务。抓紧研究制定鼓励电子商务创新发展的意见。深化电子商务服务集成创新。加快并规范集交易、电子认证、在线支付、物流、信用评估等服务于一体的第三方电子商务综合服务平台发展。加快推进适应电子合同、电子发票和电子签名发展的制度建设。建设开放式电子商务快递配送信息平台和社会化仓储设施网络，加快布局、规范建设快件处理中心和航空、陆运集散中心。鼓励对现有商业设施、邮政便民服务设施等的整合利用，加强共同配送末端网点建设，推动社区商业电子商务发展。深入推进国家电子商务示范城市、示范基地和示范企业建设，发展电子商务可信交易保障、交易纠纷处理等服务。建立健全促进电子商务发展的工作保障机制。加强网络基础设施建设和电子商务信用体系、统计监测体系建设，不断完善电子商务标准体系和快递服务质量评价体系。推进农村电子商务发展，积极培育农产品电子商务，鼓励网上购销对接等多种交易方式。支持面向跨境贸易的多语种电子商务平台建设、服务创新和应用推广。积极发展移动电子商务，推动移动电子商务应用向工业生产经营和生产性服务业领域延伸。

（八）商务咨询

提升商务咨询服务专业化、规模化、网络化水平。引导商务咨询企业以促进产业转型升级为重点，大力发展战略规划、营销策划、市场调查、管理咨询等提升产业发展素质的咨询服务，积极发展资产评估、会计、审计、税务、勘察设计、工程咨询等专业咨询服务。发展信息技术咨询服务，开展咨询设计、集成实施、运行维护、测试评估、应用系统解决方案和信息安全服务。加强知识产权咨询服务，发展检索、分析、数据加工等基础服务，培育知识产权转化、投融资等市场化服务。重视培育品牌和商誉，发展无形资产、信用等评估服务。抓紧研究制定咨询服务业发展指导意见。依法健全商务咨询服务的职业评价制度和信用管理体系，加强执业培训和行业自律。开展多种形式的国际合作，推动商务咨询服务国际化发展。

（九）服务外包

把握全球服务外包发展新趋势，积极承接国际离岸服务外包业务，大力培育在岸服务外包市场。抓紧研究制定在岸与离岸服务外包协调发展政策。适应生产性服务业社会化、专业化发展要求，鼓励服务外包，促进企业突出核心业务、优化生产流程、创新组织结构、提高质量和效率。引导社会资本积极发展信息技术外包、业务流程外包和知识流程外包服务业务，为产业转型升级提供支撑。鼓励政府机构和事业单位购买专业化服务，加强管理创新。支持企业购买专业化服务，构建数字化服务平台，实现包括产品设计、工艺流程、生产规划、生产制造和售后服务在内的全过程管理。

（十）售后服务

鼓励企业将售后服务作为开拓市场、提高竞争力的重要途径，增强服务功能，健全服务网络，提升服务质量，完善服务体系。完善产品“三包”制度，推动发展产品配送、安装调试、以旧换新等售后服务，积极运用互联网、物联网、大数据等信息技术，发展远程检测诊断、运营维护、技术支持等售后服务新业态。大力发展专业维护维修服务，加快技术研发与应用，促进维护维修服务业务和服务模式创新，鼓励开展设备监理、维护、修理和运行等全生命周期服务。积极发展专业化、社会化的第三方维护维修服务，支持具备条件的工业企业内设机构向专业维护维修公司转变。完善售后服务标准，加强售后服务专业队伍建设，健全售后服务认证制度和质量监测体系，不断提高用户满意度。

（十一）人力资源服务和品牌建设

以产业引导、政策扶持和环境营造为重点，推进人力资源服务创新，大力开发能满足不同层次、不同群体需求的各类人力资源服务产品。提高人力资源服务水平，促进人力资源服务供求对接，引导各类企业通过专业化的人力资源服务提升人力资源管理开发和使用水平，提升劳动者素质和人力资源配置效率。加快形成一批具有国际竞争力的综合型、专业型人力资源服务机构。统筹利用高等院校、科研院所、职业院校、社会培训机构和企业等各种培训资源，强化生产性服务业所需的创新型、应用型、复合型、技术技能型人才开发培训。加快推广中关村科技园区股权激励试点经验，调动科研人员创新进取的积极性。营造尊重人才、有利于优秀人才脱颖而出和充分发挥作用的社会环境。鼓励具有自主知识产权的知识创新、技术创新和模式创新，积极创建知名品牌，增强独特文化特质，以品牌引领消费，带动生产制造，推动形成具有中国特色的品牌价值评价机制。

四、政策措施

从深化改革开放、完善财税政策、强化金融创新、有效供给土地、健全价格机制和加强基础工作等方面，为生产性服务业发展创造良好环境，最大限度地激发企业和市场活力。

（一）进一步扩大开放

进一步放开生产性服务业领域市场准入，营造公平竞争环境，不得对社会资本设置歧视性障碍，鼓励社会资本以多种方式发展生产性服务业。进一步减少生产性服务业重点领域前置审批和资质认定项目，由先证后照改为先照后证，加快落实注册资本认缴登记制。允许社会资本参与应用型技术研发机构市场化改革。鼓励社会资本参与国家服务业综合改革试点。

引导外资企业来华设立生产性服务业企业、各类功能性总部和分支机构、研发中心、营运基地等。统一内外资法律法规，推进生产性服务业领域有序开放，放开建筑设计、会计审计、商贸物流、电子商务等服务业领域外资准入限制。加快研究制定服务业进一步扩大开放的政策措施，对已经明确的扩大开放要求，要抓紧落实配套措施。探索对外商投资实行准入前国民待遇加负面清单的管理模式。发挥中国（上海）自由贸易试验区在服务业领域先行先试的作用。加强与香港、澳门、台湾地区的服务业合作，加快推进深圳前海、珠海横琴、广州南沙与港澳地区，福建厦门、平潭和江苏昆山与台湾地区的服务业合作试点。

鼓励有条件的企业依托现有产品贸易优势，在境外设立分支机构，大力拓展生产性服务业发展空间。简化境外投资审批程序，进一步提高生产性服务业境外投资的便利化程度。鼓励企业利用电子商务开拓国际营销渠道，积极研究为符合条件的电子商务企业、快递企业提供便利通关措施。加快跨境电子商务通关试点建设。鼓励设立境外投资贸易服务机构，做好境外投资需求的规模、领域和国别研究，提供对外投资准确信息，为企业“走出去”提供咨询服务。

（二）完善财税政策

尽快将营业税改征增值税试点扩大到服务业全领域。根据生产性服务业产业融合度高的特点，完善促进生产性服务业的税收政策。研发设计、检验检测认证、节能环保等科技型、创新型生产性服务业企业，可申请认定为高新技术企业，享受15%的企业所得税优惠税率。研究适时扩大生产性服务业服务产品出口退税政策范围，制定产品退税目录和具体管理办法。

中央财政和地方财政在各自事权和支出责任范围内，重点支持公共基础设施、市场诚信体系、标准体系建设以及公共服务平台等服务业发展薄弱环节建设，探索完善财政资金投入方式，提高资金使用效率，推动建立统一开放、规范竞争的服务业市场体系。鼓励开发区、产业集群、现代农业产业基地、服务业集聚区和发展示范区积极建设重大服务平台。积极研究自主创新产品首次应用政策，增加对研发设计成果应用的支持。完善政府采购办法，逐步加大政府向社会力量购买服务的力度，凡适合社会力量承担的，都可以通过委托、承包、采购等方式交给社会力量承担。研究制定政府向社会力量购买服务的指导性目录，明确政府购买的服务种类、性质和内容。

（三）创新金融服务

鼓励商业银行按照风险可控、商业可持续原则，开发适合生产性服务业特点的各类金融产品和服务，积极发展商圈融资、供应链融资等融资方式。支持节能环保服务项目以预期收益质押获得贷款。研究制定利用知识产权质押、仓单质押、信用保险保单质押、股权质押、商业保理等多种方式融资的可行措施。建立生产性服务业重点领域企业信贷风险补偿机制。完善动产抵（质）押登记公示体系，建立健全动产押品管理公司监管制度。支持符合条件的生产性服务业企业通过银行间债券市场发行非金融企业债券融资工具融资，拓宽企业融资渠道。支持商业银行发行专项金融债券，服务小微企业。根据研发、设计、应用的阶段特征和需求，建立完善相应的融资支持体系和产品。搭建方便快捷的融资平台，支持符合条件的生产性服务业企业上市融资、发行债券。对符合条件的中小企业信用担保机构提供担保服务实行免征营业税政策。鼓励融资性担保机构扩大生产性服务业企业担保业务规模。

（四）完善土地和价格政策

合理安排生产性服务业用地，促进节约集约发展。鼓励工业企业利用自有工业用地兴办促进企业转型升级的自营生产性服务业，经依法批准，对提高自有工业用地容积率用于自营生产性服务业的工业企业，可按新用途办理相关手续。选择具备条件的城市和国家服务业综合改革试点区域，鼓励通过对城镇低效用地的改造发展生产性服务业。加强对服务业发展示范区促进生产性服务业发展与土地利用工作的协同指导。

建立完善主要以市场决定价格的生产性服务业价格形成机制，规范服务价格。建立科学合理的生产性服务业企业贷款定价机制，加大对生产性服务业重点领域企业的支持力度。加快落实生产性服务业用电、用水、用气与工业同价。对工业企业分离出的非核心业务，在水、气方面实行与原企业相同的价格政策。符合条件的生产性服务业重点领域企业，可申请参与电力用户与发电企业直接交易试点。加强对生产性服务业重点领域违规收费项目的清理和监督检查。

（五）加强知识产权保护和人才队伍建设

鼓励生产性服务业企业创造自主知识产权，加强对服务模式、服务内容等创新的保护。加快数字版权保护技术研发，推进国家版权监管平台建设。扩大知识产权基础信息资源共享范围，促进知识产权协同创新。加强知识产权执法，加大对侵犯知识产权和制售假冒伪劣商品的打击力度，维护市场秩序，保护创新积极性。加强政府引导，及时发布各类人才需求导向等信息。支持生产性服务业创新团队培养，建立创新发展服务平台。研究促进设计、创意人才队伍建设的措施办法，鼓励创新型人才发展。建设大型专业人才服务平台，增强人才供需衔接。

（六）建立健全统计制度

以国民经济行业分类为基础，抓紧研究制定生产性服务业及重点领域统计分类，完善相关统计制度和指标体系，明确各有关部门相关统计任务。建立健全有关部门信息共享机制，逐步形成年度、季度信息发布机制。

各地区、各部门要充分认识发展生产性服务业的重大意义，把加快发展生产性服务业作为转变经济发展方式、调整产业结构的重要任务，采取有力措施，确保各项政策落到实处、见到实效。地方各级人民政府要加强组织领导，结合本地实际进一步研究制定扶持生产性服务业发展的政策措施。国务院各有关部门要密切协作配合，抓紧制定各项配套政策和落实政策措施分工的具体措施，营造促进生产性服务业发展的良好环境。发展改革委要加强统筹协调，会同有关部门对本意见落实情况进行督促检查和跟踪分析，每半年向国务院报告一次落实情况，重大问题及时报告。

在推进生产性服务业加快发展的同时，要围绕人民群众的迫切需要，继续大力发展生活性服务业，落实和完善生活性服务业支持政策，拓展新领域，不断丰富健康、家庭、养老等服务产品供给；发展新业态，不断提高网络购物、远程教育、旅游等服务层次水平；培育新热点，不断扩大文化创意、数字家庭、信息消费等消费市场规模，做到生产性服务业与生活性服务业并重、现代服务业与传统服务业并举，切实把服务业打造成经济社会可持续发展的新引擎。

附件

政策措施分工表

序号	工作任务	负责部门
1	进一步放开生产性服务业领域市场准入，营造公平竞争环境，不得对社会资本设置歧视性障碍，鼓励社会资本以多种方式发展生产性服务业	发展改革委、商务部会同有关部门
2	进一步减少生产性服务业重点领域前置审批和资质认定项目，由先证后照改为先照后证，加快落实注册资本认缴登记制	工商总局、中央编办会同有关部门
3	加快研究制定服务业进一步扩大开放的政策措施，对已经明确的扩大开放要求，要抓紧落实配套措施	发展改革委、商务部会同有关部门
4	进一步提高生产性服务业境外投资的便利化程度	发展改革委、商务部会同有关部门
5	加快跨境电子商务通关试点建设	海关总署、发展改革委、商务部、质检总局会同有关部门
6	尽快将营业税改征增值税试点扩大到服务业全领域。根据生产性服务业产业融合度高的特点，完善促进生产性服务业的税收政策	财政部、税务总局
7	研究适时扩大生产性服务业服务产品出口退税政策范围，制定产品退税目录和具体管理办法	财政部、税务总局、发展改革委
8	完善政府采购办法，逐步加大政府向社会力量购买服务的力度，凡适合社会力量承担的，都可以通过委托、承包、采购等方式交给社会力量承担。研究制定政府向社会力量购买服务的指导性目录，明确政府购买的服务种类、性质和内容	财政部
9	研究制定利用知识产权质押、仓单质押、信用保险保单质押、股权质押、商业保理等多种方式融资的可行措施	人民银行、银监会、财政部、保监会、知识产权局、版权局、商务部、工商总局等
10	支持符合条件的生产性服务业企业上市融资、发行债券	证监会、发展改革委、人民银行

续表

序号	工作任务	负责部门
11	鼓励融资性担保机构扩大生产性服务业企业担保业务规模	银监会、发展改革委、工业和信息化部、财政部等
12	鼓励工业企业利用自有工业用地兴办促进企业转型升级的自营生产性服务业，经依法批准，对提高自有工业用地容积率用于自营生产性服务业的工业企业，可按新用途办理相关手续	发展改革委、工业和信息化部、住房城乡建设部、国土资源部
13	选择具备条件的城市和国家服务业综合改革试点区域，鼓励通过对城镇低效用地的改造发展生产性服务业。加强对服务业发展示范区促进生产性服务业发展与土地利用工作的协同指导	国土资源部、住房城乡建设部、发展改革委
14	支持生产性服务业创新团队培养	发展改革委、人力资源社会保障部
15	抓紧研究制定生产性服务业及重点领域统计分类，完善相关统计制度和指标体系，明确各有关部门相关统计任务。建立健全有关部门信息共享机制，逐步形成年度、季度信息发布机制	统计局、发展改革委、工业和信息化部会同有关部门

附录C "数字陕西·智慧城市"发展纲要（2013～2017年）

一、前言

智慧城市是新一轮信息技术变革和知识经济发展的产物，是信息化与工业化、城镇化的深度融合，并向更高阶段迈进的表现。当前陕西正处于加快社会转型和产业升级的关键时期，调结构、促转型是近一时期社会经济发展的主题。智慧城市建设是加快陕西经济发展方式转变的战略举措，是提升城市品质和竞争力的崭新途径。

为加快推进"数字陕西·智慧城市"建设，坚持科学发展，把握世界科技与城市发展的最新趋势，积极抢占城市创新发展的主动权。在国家和陕西省"十二五"信息化发展规划的框架下，制定本纲要，用以规范和指导全省"数字陕西·智慧城市"建设。

二、发展形势与环境

（一）发展形势

"智慧城市"是顺应当前全球信息技术变革及新一轮产业发展的时代潮流，代表未来城市发展演进的必然趋势，智慧城市建设已成为世界各国和地区刺激经济发展和建立长期竞争优势的重要战略。

国家高度重视物联网、云计算、大数据等新一代信息技术对我国工业化和城镇化进程产生的深远影响，把新一代信息技术产业作为战略性新兴产业重点推进。全国多个城市纷纷提出"智慧城市"的发展战略，制定规划，掀起发展智慧产业，推进智慧城市建设的热潮。

当前我省正处在转变经济发展方式，调整产业结构，统筹城乡发展，改善民生的关键时期，全省城乡面临城镇化和工业化的重大发展任务，中心城市面临现代化建设和产业转型发展的严峻挑战。实现发展目标和应对挑战的一条重要路径就是要加快信息社会和智慧城市建设，促进信息化与工业化、城镇化的深度融合，走出一条有智慧、可持续的城市发展之路。

（二）发展基础和环境

“十一五”以来，全省经济平稳快速发展，信息化建设成效显著。2011 年全省工业生产总值达到 12 391.3 亿元，固定资产投资突破万亿大关，GDP 年均增长速度远超全国平均水平。全省经济平稳快速发展，对“数字陕西·智慧城市”建设提出了迫切需求。陕西省信息化水平总指数由 2005 年的 0.598 提高到 2011 年的 0.729，位列全国第九，达到了西部领先。

1. 信息化发展机制和模式不断完善

我省在信息化推进过程中，探索出一条符合我省实际，符合区域信息化发展规律的机制和模式。在组织领导、统筹规划、管理机制、建设模式、保障措施、支撑环境、人才队伍和服务体系等方面创新发展，形成了特色鲜明的区域信息化发展机制和模式。

2. 信息化基础设施及公共平台体系基本建成

按照《国家“十二五”电子政务发展规划》和《陕西省电子政务基础资源共享实施办法》要求，在全省范围内开展以“两网四库两中心一平台”为主要内容，以“网络覆盖到村、基础资源共享、业务与承载分离、三级平台五级服务”为目标的电子政务公共平台顶层设计和建设，实现省、市、县三级电子政务公共平台互联互通、基础资源共享、条块协同发展。部门业务应用建设与承载平台分离已成为电子政务创新发展的新模式。电子政务公共平台体系在互联互通、资源共享、承接纵向应用落地、减少投资、避免重复建设等方面正发挥重要作用。陕西省已经被工信部确定为全国电子政务公共平台顶层设计试点省份和全国电子政务公共平台应用与服务试点省份。

3. 社会信息化全面展开

教育信息化成效显著，基本形成覆盖全省的现代教育传输网络，重点教育资源库初具规模；社会保障信息系统普遍建成，全省统一的养老保险系统全面推广使用；医疗健康信息系统在大中型医院基本普及，覆盖社会保障和公共服务的《陕西省社会公共服务卡技术规范》已编制完成，居民健康卡（一卡通）应用的试点工作已开始启动；科研、文化、人口与计生服务信息化建设成效明显；陕南移民和保障性住房等信息化建设取得积极进展。西安成为全国数字城市建设示范市，宝鸡的“数字城管”和“大社保”模式进入全国先进行列。

4. 信息化与工业化融合不断深化

以先进制造业和现代服务业为特色的西安—咸阳国家级两化融合试验区，宝鸡装备制造业和榆林能源化工产业两个省级两化融合试验区建设工作进展顺利。在装备制造、煤炭、石化、汽车、航空、输变电设备、食品药品等行业已实施两化融合项目 150 个，培育了 60 家典型两化融合示范企业。

5. 信息安全保障体系不断完善

网络与信息安全保障体系不断完善，基础网络和重要信息系统保障水平明显提升，互联网安全管理不断加强。贯彻落实《国务院关于大力推进信息化发展和切实保障信息安全若干意见》精神，出台了我省的实施意见。

我省信息化跨越式发展的基础和条件已经具备，将信息化发展目标在“数字陕西”的基础上提升为“数字陕西·智慧城市”是符合陕西信息化发展实际和社会快速发展需求。

智慧城市建设涉及城市发展的各个方面，是一项复杂的系统工程，国家各相关部委都在积极推进、省市各部门也在着手启动智慧城市建设，我省正在掀起智慧城市建设的热潮。与此同时我们应当密切关注智慧城市建设中可能出现的问题，如标准不统一、资源共享程度低、分散多头建设、重复建设等问题。需要对“数字陕西·智慧城市”建设进行统筹规划、顶层设计，清晰定义发展目标、阶段任务、责权边界，制定发展机制和建设模式。

三、指导思想、基本原则和发展目标

（一）指导思想

紧紧抓住新一代信息技术带来发展机遇，深入贯彻落实党的十八大会议精神，推动信息化与工业化、城镇化和农业现代化的深度融合和协调发展，围绕省委、省政府提出的“科学发展、富民强省”战略任务，面对当前城市发展在环境保护、资源利用和舒适生活等面临的挑战，建设更加健康、高效、便捷和绿色的“智慧城市”。以市民生活、城市运行、企业运营和政务服务等领域智慧应用为突破口，建立覆盖城乡居民人人享有的信息化公共服务体系，全面提升信息化在城市综合管理和便民、利民、惠民服务中的应用水平，加快推进陕西社会创新发展和产业转型升级。

（二）基本原则

政府引导，市场推动。强化政府规划引领，统筹协调，优化环境、应用示范等方面引导作用，发挥市场机制在资源配置中的基础性与导向性作用，开放政务信息资源，鼓励机构和企业等多方参与智慧城市建设和服务，形成良性发展的市场推动机制。

顶层设计，协调发展。把握世界科技与城市发展的最新趋势，统筹规划和设计“数字陕西·智慧城市”发展，以信息化公共平台服务体系为支撑，协调推进城市管理、公共服务和产业转型升级。

民生优先，以人为本。以服务民生、方便群众为优先目标，大力开展智慧应用体系建设，不断提升城乡居民信息的获取和利用能力，发挥全体市民的积极性和创造性，共同推动“数字陕西·智慧城市”建设。

重点突破，示范带动。结合各城市发展实际和比较优势，各有侧重地培育和建设智慧城市示范应用，通过示范带动，共享建设和发展成果，加快重点领域的智慧应用系统建设，推进智慧产业发展。

保障安全，优化环境。积极防御，综合防范，加强信息安全管理，以安全保发展，以发展促安全，不断完善“数字陕西·智慧城市”管理体制和推进机制，强化政策、标准、规范的指导和引导作用。

（三）整体定位和发展目标

整体定位。全省城乡以网络互联互通、信息传递顺畅、网上办事高效便捷、基本公共服务城乡均等为目标，推进“数字陕西”建设；中心城市以智慧化发展为目标，推进以全面感知、广泛互联、灵活互动、科学管控、智能应用、内生发展为主要特征的“智慧城市”建设，引领全省社会信息化梯度发展。

专栏1 “数字陕西·智慧城市”内涵

“数字陕西•智慧城市”是按照城市智慧引领与城乡统筹兼顾，高端发展与普遍服务并重的梯度发展理念，在两个层面推进社会信息化发展。“数字陕西”的发展定位是在全省城乡范围内建设以网络互联互通、信息便捷获取、基本公共服务城乡均等为特征的“数字陕西”。“智慧城市”的发展定位是在中心城市建设以全面感知、广泛互联、智能应用、内生发展为特征和目标的“智慧城市”，引领全省社会信息化梯度发展。

发展目标。到 2017 年年底，初步形成以信息化公共平台为基础推进惠及城乡居民的“数字陕西·智慧城市”基本框架，取得智慧应用服务体系阶段性成果，示范带动效应突出、重点应用成效明显、智慧产业初具规模、关键技术取得突破、信息安全总体可控的良好局面，关中智慧城市群基本建成，全省信息化水平总指数超过 0.85 以上，力争达到 0.90，信息化整体水平迈入全国先进行列。

通过开放政务信息资源、政务服务市场和信息化公共平台，在信息服务领域形成具备产业支撑能力的增长点和发展方向，培育一批初具规模的信息资源增值服务商；实施一批面向政务、民生、社会管理的智慧应用；建立政务、民生需求与产业发展良性互动，商业模式清晰可持续的智慧城市建设产业支撑和市场环境。

通过持续推进“数字陕西·智慧城市”建设，使得我省城乡在经济上健康合理可持续，生活上和谐安全更舒适，管理上科学、智慧、信息化。

四、发展机制和模式

“数字陕西·智慧城市”发展思路是秉承近年来我省在推进信息化建设中建立起来的信息化发展理念，坚持已经形成的信息化推进机制和发展模式，充分利用已经取得的信息化基础资源和公共服务体系建设成果。以智慧政务为引领，智慧产业为支撑，大力发展智慧民生服务。在信息化公共平台顶层设计框架下，统筹规划智慧应用体系建设，集约建设基础设施和资源。按照部门职责权属牵头负责，分类推进智慧城市建设；省市协同，分级推进智慧城市建设。

在基础设施共享方面，充分利用已经取得的信息化建设成果，依托信息化公共平台开展智慧城市建设。公共平台主管部门负责平台建设、运维和服务，各部门按职能负责建设相关业务应用，共享平台提供的机房、网络、主机、存储、支撑软件、安全和运维等基础设施，建立和完善“平台+服务”智慧城市建设模式。

在示范应用共享方面，充分发挥各城市的比较优势，鼓励各市各部门根据自身条件，有重点开展智慧城市示范应用建设。将技术先进和应用成效突出的智慧应用提升为省级全局应用，各市各部门通过公共平台共享示范应用成果，避免重复建设和信息孤岛，提高智慧城市建设的绩效。

鼓励信息技术服务企业基于公共平台部署和开展智慧政务和智慧民生服务；鼓励电信运营商利用网络覆盖优势开展社会信息化服务，积极推进市级以下移动政务应用。

专栏2　电子政务公共平台和信息化公共平台

电子政务公共平台。利用云计算等新一代信息技术，集约建设包括机房、网络、安全保障、存储灾备、信息资源、运维等公共性、基础性设施和资源，面向各级部门提供政务支撑服务的公用平台。

信息化公共平台。在电子政务公共平台的基础上，进一步提高承载能力和服务水平，使其成为面向社会管理、公共服务和政务服务，支撑“数字陕西·智慧城市”各类智慧应用的公共平台。

五、“数字陕西·智慧城市”体系架构

（一）信息化公共平台体系架构

智慧城市是由新一代信息技术（物联网、云计算等）做支撑，协同创新为特征的知识经济环境下的城市形态。它利用新一代信息和通信技术使城市生活更加智能，资源利

用更高效，成本和能源更节约，环境更友好，支持创新和低碳经济。要实现这一目标，需要强大的信息化基础设施和资源做支撑，通过将各部门的智慧应用系统所需的共享基础设施和资源与其业务应用剥离，统一规划、集约建设、规范管理、按需使用，构成统一的信息化公共平台。依托信息化公共平台建设智慧城市，符合我国信息化发展的客观规律和实际需求，可有效避免重复建设，降低信息化投入，促进区域、部门及行业间的互联互通和资源共享。

信息化公共平台服务体系架构是由省、市两级信息化公共平台和县级统一平台组成，其建设目标是实现“网络覆盖到村、基础资源共享、业务与承载分离、三级平台五级服务”。

“网络覆盖到村”就是内网和外网覆盖省、市、县三级，县以下电子政务外网通过互联网延伸至乡（街道办）、村（社区）。“基础资源共享”就是在公共平台上实现基础设施、基础数据库、共性运行环境和公共应用资源的共享。“业务与承载分离”就是业务应用系统与承载环境，即机房、网络、主机和存储等基础设施分离。“三级平台五级服务”就是省、市和县级三级平台服务于五级行政区域。省级公共平台是“数字陕西·智慧城市”的基础支撑，市级公共平台是应用的核心、县级平台是服务前端。

专栏3　陕西省信息化公共平台服务体系

省级公共平台是支撑全省各级各部门信息化建设的基础性、公共性基础资源平台。承担全省信息化基础资源的共享、信息资源开发利用与交换、信息安全保障、容灾备份和运维监控等功能。

市级公共平台是支撑社会服务、城市管理、政务服务的基础支撑平台。服务定位是面向市民和企业提供公共服务。

县级统一平台是省、市两级公共平台的接入平台，承载省市平台的各项业务应用和服务在县域的落地，开展本地化业务应用。服务定位是面向城镇居民和农民提供基本公共服务。

（二）智慧城市基本框架

“数字陕西·智慧城市”基本框架是以信息化公共平台为支撑，以智慧城市信息资源开发利用和感知互联为核心，以法律法规、标准规范和组织领导为保障，建设智慧应用和服务体系，实现信息技术与城市综合管理、公共服务、产业发展与市民生活的有机融合。

六、主要任务

（一）完善公共平台体系，深化应用服务

完善电子政务公共平台，将其提升为面向城市管理、公共服务的信息化公共平台。

在省、市两级公共平台基础上，建立智慧应用服务体系，通过县级平台将基础性公共服务延伸到基层。

（二）推进宽带陕西，提升智慧城市发展环境

推进宽带陕西建设，构建普遍覆盖、便捷高效的信息通信网络体系；建设和完善电子政务骨干传输网、城域网、无线通信网；大力建设物联网基础设施；发展高清电视、互动电视，实现城市数字电视网络双向化、节目高清化、内容多元化和应用互动化。

鼓励电信运营商利用网络覆盖优势广泛开展社会信息化应用，实施医疗服务、移动媒体、应急预警、手机支付等社会信息化应用。积极推进地市以下政务部门面向公众服务和社会管理开展移动政务应用，提高电子政务公众认知度和发挥电子政务公共服务的作用。

（三）开发利用政务信息资源，发展云计算和大数据产业

开发利用政务信息资源。按照《陕西省政府信息公开规定》要求开放政务信息资源，建立政务信息资源交换、共享和授权使用机制，建立和完善政务信息比对、更新和维护机制，确保数据的有效性和服务质量。各服务机构和企业依据政务信息资源的公开属性，按政务信息资源交换和共享流程开展数据资源增值服务。

鼓励各服务机构和企业按照本纲要支持的领域，依托信息化公共平台开展信息资源增值服务。公共平台为各类服务提供基础设施、信息资源交换与共享、功能构件、运行支撑、运营支撑、基础运维和安全保障。各部门和公共事业单位在业务需求引导和数据资源开放等方面，应积极支持和配合服务机构和企业开展信息资源服务。

服务机构和企业开展的公益性服务，政府按业务量和服务质量给予一定财政补贴。依据政务部门和公共事业的需求开展的政务服务由部门支付相应的服务费用。服务机构和企业自主开拓市场，面向政务部门、机构、企业和个人提供的服务，按市场化原则收取服务费用。

发展云计算和大数据产业。以云计算和大数据服务为突破口，以西咸新区大数据处理与服务产业园区为基地，建设全国人口信息处理和备份（西安）中心、国家林业数据备份中心、政务信息交换中心、网络社情民意调查分析服务中心和高性能计算中心，把西咸大数据处理与服务产业园区建成国家级政务信息资源汇聚地、社会信息资源集散地，形成大数据服务产业高地。

发展北斗卫星应用示范。围绕卫星通信、卫星导航、卫星遥感三大领域，推进产业联盟、产业创新、公共服务等创新工程，打造卫星通信广播、北斗卫星导航终端及位置服务、北斗卫星空间基准授时等卫星应用产业链，推动北斗卫星应用产业快速发展。

（四）以服务公众为核心，全面构建智慧应用体系

围绕公共服务这一核心主题，按照智慧应用共建共享服务模式，着力推进公共支撑

工程、省级重点智慧应用工程、省市共建重点智慧应用工程、市级重点智慧应用服务工程、智慧产业示范工程和重要行业智慧应用工程，以应用为突破口，整体推进智慧城市的建设。

专栏4 智慧应用共建共享模式

智慧应用共建共享模式是指各城市按自身条件，在全省统筹规划和顶层设计框架下，有重点地建设优势智慧应用项目，将在建设模式、推进思路、技术方案、软件功能、应用系统和管理方式等不同层面取得示范应用成果在全省范围内推广和共享，形成具有区域发展特色的智慧应用建设机制和模式。

七、重点工程及建设模式

"数字陕西·智慧城市"重点工程包括公共支撑工程、省级重点智慧应用工程、省市共建重点智慧应用工程、市级重点智慧服务工程、智慧产业示范工程和重要行业智慧应用工程。

公共支撑工程包括信息化公共平台、基础性公共服务、宽带陕西、基础信息资源建设、智慧门户等建设项目。公共支撑工程涉及基础性、公共性和全局性的建设项目，由省信息化领导小组统一规划、统一技术标准规范和建设要求，按职能权属由相关部门牵头实施。信息化公共平台建设项目包括省、市两级信息化公共平台；基础性公共服务项目包括社会公共服务一卡通示范项目、政务一号通应用项目、网络社情民意服务中心、省级智慧门户项目。信息化公共平台建设项目由省、市公共平台主管部门负责建设；宽带陕西建设项目由省通信管理局牵头，各电信运营商和省广电网络公司实施；社会公共服务一卡通建设项目，由省卫生厅负责业务应用实施，省工业和信息化厅负责基础设施和平台建设，相关业务部门配合；政务一号通应用项目，由省纪检委牵头，省工业和信息化厅负责基础设施建设，各级政府办配合业务应用实施；其他建设项目由省工业和信息化厅牵头，相关部门配合实施。工程建成后面向全省各领域提供智慧城市业务应用支撑服务。

省级重点智慧应用工程包括智慧医疗、智慧教育、智慧社保、智慧环保、智慧食品药品监管等建设项目。省级重点智慧应用工程由省信息化领导小组统一规划、统一技术架构，依托省、市信息化公共平台，由省级业务主管部门牵头，省、市公共平台主管部门配合基于公共平台的部署，市级相关业务主管部门配合业务实施。工程建成后面向各相关业务部门和公众提供服务。

省市共建重点智慧应用工程包括智慧信用、智慧交通、智慧物流、智慧安监等建设项目。省市共建重点智慧应用工程由省信息化领导小组统一规划、统一技术架构和互联互通要求，依托市信息化公共平台，由省级业务主管部门负责组织协调和业务指导，省、市业务主管部门负责建设实施，市公共平台主管部门配合基于公共平台的部署。

市级重点智慧服务工程包括智慧城管、公共事业消费一卡通、市级智慧门户、共享信息资源建设、智慧社区、城市应急、智慧治安、智慧旅游、智慧商贸等建设项目。市级重点智慧服务工程由省信息化领导小组统一规划、统一技术规范和建设要求，依托市级信息化公共平台，由省级业务主管部门负责业务指导，市级业务主管部门负责牵头实施，市级公共平台主管部门配合基于公共平台的部署，市级相关部门配合业务实施。

智慧产业示范工程包括全国人口处理与备份（西安）中心、国家林业数据备份中心、西部政务信息交换中心、陕西省高性能计算中心、北斗卫星导航应用示范等建设项目。智慧产业示范工程按照国家部委和省信息化领导小组建设要求统一规划，遵循相关行业标准和规范，省工业和信息化厅负责组织协调和业务指导，由西咸新区管理委员会负责园区规划和基础设施配套，省信息化工程研究院负责规划设计，相关授权部门或机构负责实施。北斗卫星导航应用示范等建设项目由省工业和信息化厅牵头组织协调，示范单位负责建设实施。

重要行业智慧应用工程包括智慧水利、智慧能源、智慧农业、两化融合等建设项目。重要行业智慧应用工程作为“数字陕西·智慧城市”应用体系建设的重要内容，由省级业务主管部门统筹规划，制定相关技术规范和建设要求，依托省、市信息化公共平台，由省或市级业务主管部门负责牵头实施，省、市公共平台主管部门配合基于公共平台部署。

八、支撑体系建设

（一）标准法规体系

建立“数字陕西·智慧城市”标准规范研究团队，加快“数字陕西·智慧城市”法律法规、制度和标准规范的制定和应用示范工作，形成支撑“数字陕西·智慧城市”快速发展的制度和标准环境。

（二）基础资源共享与服务体系

建设“数字陕西·智慧城市”基础资源共享和服务体系，为智慧应用提供信息化基础设施服务，基础资源共享服务、运行资源支撑服务、公共应用服务。通过梳理政务信息资源目录，确定共享数据信息和专有信息数据库建设单位以及采集、交换、共享管理办法，推动全省基础资源共享与服务体系建设。

（三）组织管理与技术支撑体系

建立“数字陕西·智慧城市”组织管理与技术支撑体系。由信息化主管部门组织，专家咨询组、技术支撑机构、业务主管或牵头部门、承建方或实施企业共同参与建立高效、权威的组织管理机制和技术支撑队伍，确保智慧城市项目顺利实施。

（四）信息安全保障体系

进一步完善信息安全保障体系，认真落实信息安全管理责任制，全面推行信息安全等级保护和风险评估制度，加强网络安全防护体系建设，定期开展信息系统安全检查。加强信息安全测评、认证体系、网络信任体系、信息安全监控体系及容灾备份体系建设，定期开展信息安全事件应急演练，提高信息安全事件应急处置能力。

九、附件

（一）重点建设项目技术规范与建设要求

附件所列出的重点建设项目技术规范与建设要求是本纲要的重要组成部分，作为技术性规范文件将陆续发布，用以指导和规范全省“数字陕西·智慧城市” 建设。主要有：

（1）信息化公共平台技术规范与建设要求。
（2）社会公共服务一卡通示范应用建设要求。
（3）城市公共事业消费一卡通应用建设要求。
（4）政务一号通应用建设要求。
（5）智慧门户建设要求。
（6）网络社情民意服务中心技术规范与建设要求。
（7）宽带陕西建设要求。
（8）政务信息资源服务要求与规范。
（9）智慧教育建设要求。
（10）智慧医疗建设要求。
（11）智慧环保建设要求。
（12）智慧食品药品监管建设要求。
（13）文化信息资源建设要求。
（14）智慧信用建设要求。
（15）智能安监建设要求。
（16）智慧交通建设要求。
（17）智慧城管建设要求。
（18）智能家居建设指南。
（19）智慧社区建设要求。
（20）城市应急建设要求。
（21）智慧治安建设要求。
（22）智慧物流建设要求。
（23）智慧旅游建设要求。

（二）“数字陕西 • 智慧城市”重点建设项目目录

“数字陕西 • 智慧城市”重点建设项目目录

<table>
<tr><th>序号</th><th>工程类型</th><th colspan="2">项目名称</th><th>牵头部门</th><th>指导部门</th><th>配合部门</th><th>实施部门</th></tr>
<tr><td rowspan="9">1</td><td rowspan="9">“数字陕西•智慧城市”公共支撑工程</td><td rowspan="2">信息化公共平台</td><td>省级信息化公共平台</td><td>省工信厅</td><td>省信息化领导小组</td><td>省财政厅</td><td>省工信厅</td></tr>
<tr><td>市级信息化公共平台</td><td>市公共平台主管部门</td><td>市信息化领导小组</td><td>市发改委、市财政局</td><td>市公共平台主管部门</td></tr>
<tr><td rowspan="5">基础性公共服务</td><td>社会公共服务一卡通示范项目</td><td>省卫生厅</td><td>省工信厅</td><td>省工信厅、省财政厅、省人口计生委、人民银行西安分行</td><td>省卫生厅</td></tr>
<tr><td>政务一号通应用项目</td><td>省纪检委</td><td>省工信厅</td><td>省工信厅、法制办、各级政府办</td><td>省纪检委
省工信厅</td></tr>
<tr><td>网络社情民意调查分析服务中心</td><td>省委宣传部</td><td></td><td>省工信厅负责基于公共平台的部署</td><td>省委宣传部
省工信厅</td></tr>
<tr><td>省级智慧门户项目</td><td>省工信厅</td><td>省工信厅</td><td>省级各部门</td><td>省工信厅</td></tr>
<tr><td style="display:none"></td></tr>
<tr><td colspan="2">宽带陕西建设项目</td><td>省通信管理局</td><td></td><td>省工信厅</td><td>陕西电信、陕西移动、陕西联通、省广电网络</td></tr>
<tr><td colspan="2">基础信息资源建设项目</td><td>各基础资源管理部门（人口、公安、测绘、质监、工商、统计、文化等）</td><td>省工信厅</td><td>省工信厅配合基于公共平台的部署</td><td>各基础资源管理部门</td></tr>
<tr><td rowspan="3">2</td><td rowspan="3">省级重点智慧应用工程</td><td colspan="2">智慧教育</td><td>省教育厅</td><td>教育部</td><td>省、市平台主管部门配合基于平台的部署，市级相关部门配合实施</td><td>省教育厅</td></tr>
<tr><td colspan="2">智慧医疗</td><td>省卫生厅</td><td>国家卫计委</td><td>省、市平台主管部门配合基于平台的部署，市级相关部门配合实施</td><td>省卫生厅</td></tr>
<tr><td colspan="2">智慧食品药品监管</td><td>省食品药品监督管理局</td><td></td><td>省、市平台主管部门配合基于平台的部署，市级相关部门配合实施</td><td>省食品药品监督管理局</td></tr>
</table>

续表

序号	工程类型	项目名称	牵头部门	指导部门	配合部门	实施部门
2	省级重点智慧应用工程	智慧环保	省环境保护厅	省工信厅	省、市平台主管部门配合基于平台的部署；省、市级相关部门配合实施	省环境保护厅
		智慧社保	省人力资源和社会保障厅		省、市平台主管部门配合基于平台的部署，市级相关部门配合实施	省人力资源和社会保障厅
		文化信息资源	省文化厅		省、市平台主管部门配合基于平台的部署，市级相关部门配合实施	省文化厅
3	省市共建重点智慧应用工程	智慧信用	省发改委	省工商局、省质监局	省、市平台主管部门配合基于平台的部署；省、市级相关部门配合实施	省、市工商局、省、市质监局
		智能安监	省、市安监局	省安监局	省、市平台主管部门配合基于平台的部署；市级相关部门配合实施	省、市安监局
		智慧交通	省交通运输厅、省公安厅	交通运输部、公安部	省、市平台主管部门配合基于平台的部署；省、市级相关部门配合实施	省交通运输厅、市交通运输局、省公安厅、市公安局
		智慧物流	省交通运输厅、市交通运输局	省交通运输厅、省商务厅	市平台主管部门配合基于平台的部署；市级相关部门配合实施	省交通运输厅、市交通运输局
4	市级重点智慧服务工程	公共事业消费一卡通	各市主管部门或机构	省工信厅	各市相关公共事业部门和机构	各市一卡通运营机构
		市级智慧门户	公共平台主管部门	省工信厅	省级各部门	市级智慧门户
		共享信息资源建设项目	各信息资源管理部门（人口、公安、测绘、工商、质监、统计等）	市工信局（委）	市平台主管部门配合基于平台的部署	各信息资源管理部门

续表

序号	工程类型	项目名称	牵头部门	指导部门	配合部门	实施部门
4	市级重点智慧服务工程	智慧城管	市城管局	省住建厅	市平台主管部门配合基于平台的部署；市级相关部门配合实施	市城管局
		智慧社区	市民政局	省民政厅	市平台主管部门配合基于平台的部署；市级相关部门配合实施	市民政局
		城市应急	市应急管理办公室	省应急管理办公室	市平台主管部门配合基于平台的部署；市级相关部门配合实施	市应急管理办公室
		智慧治安	市公安局	省公安厅	市平台主管部门配合基于平台的部署；市级相关部门配合实施	市公安局
		智慧旅游	市旅游局	省旅游局	市平台主管部门配合基于平台的部署；市级相关部门配合实施	市旅游局
5	智慧产业现代服务示范工程	全国人口信息处理与备份（西安）中心	省人口计生委	国家卫计委	省工信厅、西咸新区管委会	省人口计生委
		国家林业数据备份中心		国家林业局	省工信厅	省工信厅
		西部政务信息交换中心	省工信厅	国家工信部	省工信厅	省工信厅
		陕西省高性能计算中心	省工信厅		省工信厅	省工信厅
		北斗卫星导航应用示范项目	省发展改革委、省工信厅	省测绘地理信息局、省工信厅、各示范应用服务部门	省科技厅、各示范应用服务部门	各示范主体企业

附录D 《“数字陕西·智慧城市”发展纲要》实施意见

为贯彻落实《“数字陕西·智慧城市”发展纲要（2013～2017年）》（以下简称《发展纲要》），提出以下实施意见。

一、总体要求

（1）统一规划和标准。由省信息化领导小组统筹智慧城市建设的总体推进，承担智慧城市信息化系统的整体规划、顶层设计，建立智慧城市统一的信息化架构标准，实现跨系统应用集成、跨部门信息共享，减少重复建设和信息孤岛，促进资源共享。

（2）统一论证。各市《智慧城市建设规划》和省级有关部门的《重点建设项目技术规范与建设要求》，经省信息化领导小组办公室组织评审通过后，按照“政府规划、企业投资、市场化运作”的投融资模式，分阶段，滚动推进实施计划。

二、实施计划

按照标准规范先行，试点示范探索，成熟一个推广一个的思路，《发展纲要》重点项目的实施分为以下三个阶段：

（1）准备阶段（2013 年）。各市依据《发展纲要》编制完成本市智慧城市建设规划；省级有关部门依据《发展纲要》编制完成《重点建设项目技术规范与建设要求》。

（2）试点示范阶段（2014～2015 年）。各市结合本地实际，按照应用主导、民生优先的原则在重点领域开展智慧城市建设试点。纳入《规划纲要》的省级有关部门重点项目选择若干地市进行试点，总结经验。

（3）全面推广阶段（2016～2017 年）。在全省推广条件成熟的省级重点项目、省市共建项目和市级重点项目。

三、实施方式

（1）公共支撑工程。由省信息化领导小组统一规划、统一技术标准规范和建设要求，按职能归属由相关部门牵头实施。工程建成后面向全省各领域提供智慧城市业务应用支撑服务。

（2）省级重点智慧应用工程。由省信息化领导小组统一规划、统一技术架构，依托省、市信息化公共平台，由省级业务主管部门牵头，省、市公共平台主管部门配合基于公共平台的部署，市级相关业务主管部门配合业务实施。工程建成后面向各相关业务部门和公众提供服务。

（3）省市共建重点智慧应用工程。由省信息化领导小组统一规划、统一技术架构和互联互通要求，依托省、市信息化公共平台，由省级业务主管部门负责组织协调和业务指导，省、市业务主管部门负责建设实施，省、市公共平台主管部门配合基于公共平台的部署。鼓励各市根据自身条件，各有侧重开展智慧应用示范。将技术先进和应用成效突出的智慧应用提升为省级全局应用，通过公共平台体系各城市共享使用。

（4）市级重点智慧服务工程。由省信息化领导小组统一规划、统一技术规范和建设要求，依托市信息化公共平台，由省级业务主管部门负责业务指导，市级业务主管部门负责牵头实施，市级公共平台主管部门配合基于公共平台的部署，市级相关部门配合业务实施。鼓励各市根据自身条件，各有侧重开展智慧应用示范。将技术先进和应用成效突出的智慧应用提升为省级全局应用，通过公共平台体系各城市共享使用。

四、保障措施

（1）加强组织领导。在省信息化领导小组领导下，成立省智慧城市建设推进协调小组，由分管副省长任组长，省发改委、省科技厅、省工信厅、省财政厅、省住建厅等部门为成员单位，日常工作由省信息化领导小组办公室负责，组织协调和推进重点项目的实施工作，研究解决智慧城市建设推进工作中的重大问题。鼓励支持各地市、各部门积极争取国家部委对我省智慧城市建设的支持。

（2）加强技术支持与服务。由有关信息化专家、领域业务专家、管理专家等组成专家组负责政策、技术、业务和标准建设等方面的咨询和指导，为重点示范项目提供方案论证、技术指导、成果评价等方面的服务。

（3）加强监督检查。省智慧城市建设推进协调小组每年对各市智慧城市建设情况、省级部门智慧城市重点项目推进情况进行监督检查，总结经验与做法，通报全省。

参考文献

[1] 黄启臣．海上丝绸之路史[M]．广州：广东经济出版社，2003．

[2] 辞海编辑委员会．辞海[M]．6版．上海：上海辞书出版社，2009．

[3] 王习农，陈涛．“丝绸之路经济带”内涵拓展与共建[J]．国际商务（对外经济贸易大学学报），2014，5：23-30．

[4] 朱显平，邹向阳．中国—中亚新丝绸之路经济发展带构想[J]．东北亚论坛，2006，15（5）：3-6．

[5] 李建民．丝绸之路经济带、欧亚经济联盟与中俄合作[J]．俄罗斯学刊，2014，4：5-18．

[6] 连雪君．传统的再发明：“新丝绸之路经济带”观念与实践：社会学新制度主义在地区国际合作研究中的探索[J]．俄罗斯研究，2014，2：291-114．

[7] 熊太纯．信息服务业运营模式创新的理论与实践研究[J]．图书情报工作，2012，56（22）：112-116．

[8] 张贡生，庞智强．“丝绸之路经济带”国内段建设：战略意义及功能定位[J]．经济问题，2015（4）：5-9，55．

[9] 胡鞍钢，马伟，鄢一龙．“丝绸之路经济带”：战略内涵、定位和实现路径[J]．新疆师范大学学报（哲学社会科学版），2014，35（2）：1-10．

[10] 赫德逊．欧洲与中国[M]．李申，王遵仲，张毅，译．北京：中华书局，2004：24．

[11] 刘洪昌．战略性新兴产业商业模式创新研究[J]．商业时代，2012（34）：120-121．

[12] 董明月．我国新兴服务业发展报告[J]．调研世界，2011（12）：17-19，48．

[13] 李南南，孙秋碧．信息服务业的概念及范围初探[J]．现代情报，2007，27（12）：69-70，74．

[14] 匡佩远．信息服务业：定义和统计框架[J]．统计教育，2009（5）：20-26．

[15] 俞进华．信息服务业研究[D]．广州：广东工业大学，2002．

[16] 安虎森．增长极理论评述[J]．南开经济研究，1997，（1）：31-37．

[17] HIGGINS B, SAVOIE D J, ed. Regional economic development: essays in honour of Francois Perroux [J]. Computers environment & urban systems, 1989, 13(3): 218-220.

[18] 亚德里安·J．斯莱沃斯基，大卫·J．莫里森，劳伦斯·H．艾伯茨，等．发现利润区：战略性企业设计为您带来明天的利润[M]．凌晓东，等译．北京：中信出版社，2002．

[19] 郭宇钊．价值网络的结构特征对开放式创新绩效的作用影响研究[D]．重庆：重庆大学，2013．

[20] 谭雪芳．不是产业链，而是价值网络：理解新媒体语境下动漫产业的新价值观[J]．福建论坛·人文社会科学版，2014，6：126-131．

[21] 王树祥，张明玉，郭琦．价值网络演变与企业网络结构升级[J]．中国工业经济，2014，3：93-106．

[22] 宗文．全球价值网络与中国企业成长[J]．中国工业经济，2011，12：46-56．

[23] 王鑫鑫．软件企业商业模式创新研究[D]．武汉：华中科技大学，2011．

[24] 齐严．商业模式创新研究[D]．北京：北京邮电大学，2010．

[25] 张越，赵树宽．基于要素视角的商业模式创新机理及路径[J]．财贸经济，2014，6：90-99．

[26] 彭苏勉．基于价值网的软件企业商业模式创新研究[D]．北京：北京交通大学，2012．

[27] 梅姝娥，吴玉怡．价值网络视角下技术交易平台商业模式研究[J]．科技进步与对策，2014，31（6）：1-5．

[28] CHESBROUGH H, ROSENBLOOM R S. The role of the business model in capturing value from inn-ovation: evidence from Xerox Corportion’s technology spin-off companies [J]. Industrial & Corporate Change, 2011, 11(3):529-555.

[29] HAMEL,G.Lead the revolution[M]. MA:Harvard Business School Press,2000.

[30] GORDIJN J, AKKERMANS H. Designing and evaluating e-business models[J].Intelligent-business, 2001, 7/8:11-17.

[31] DUBOSSON-TORBAY M, Osterwalder A, PIGNEUR Y. E-business model design,classification and measurements[J]. Thunderbird international business review, 2002, 44(1):5-23.

[32] AFUAH A, TUCCI C.Internet business models and strategies: text and eases[M]. Boston:MeGraw-HillPirwin, 2001.

[33] WEILL P, VITALE M R.Place to space: migrating to e-business models[M]. MA: Harvard Business School Press, 2001.

[34] OSTERWALDER A, PIGNEUR Y, TUCCI C L. Clarifying business models: origins, present, and future of the concept.[J]. Communications of the information systems, 2005,16(16):251-775.

[35] 隋伟，张文松．基于价值链向价值网演变角度的商业模式创新研究[J]．经济研究导刊，2012，34：215-217．

[36] 杜义飞，李仕明．产业价值链：价值战略的创新形式[J]．科学学研究，2004，22（5）：552-556．

[37] 毕新华，李海莉，张贺达．基于价值网的移动商务商业模式研究[J]．商业研究，2009，1：206-210．

[38] 王琴．基于价值网络重构的企业商业模式创新[J]．中国工业经济，2011，1：79-89.
[39] 尹小明．基于价值网的云计算商业模式研究[D]．北京：北京邮电大学，2009.
[40] 刘秀，杨雪，金琪明．价值网络关系与企业价值主张实现：基于 98 家电子商务企业的案例调研研究[J]．南大商学评论，2012，4：181-200.
[41] 蒋录全：信息生态与社会可持续发展[M]．北京：北京图书馆出版社，2003：30-31.
[42] 王瑶，金明生．基于信息生态系统的数字图书馆运行机制优化及动态平衡控制[J]．情报杂志，2012，31（2）：153-156.
[43] 马新蕊．陕西“三线建设”述评[D]．西安：西北工业大学，2003.
[44] 吴音子．基于 SD 分析的陕西省电子信息产业可持续发展的对策研究[J]．西安邮电学院学报，2009，14（6）：20-24.
[45] 张治国．陕西教育与西部大开发[J]．陕西师范大学学报（哲学社会科学版），2001，30（1）：166-171.
[46] 张立勇．西（安）咸（阳）一体化发展研究[D]．杨凌：西北农林科技大学，2007.
[47] 来有为．新常态下加快信息技术服务业发展[J]．中国发展观察，2015，3：58-59.
[48] 陕西工业和信息化厅．2015 年上半年陕西省软件及服务外包产业经济运行情况[EB/OL]．（2016-03-23）[2016-05-07]. http://www.sxgxt.gov.cn/dxgzc/25683.jhtml.
[49] 黄健青，张娇兰．福建省信息服务业 SWOT 分析及发展策略[J]．福州大学学报（哲学社会科学版），2012，26（1）：37-42.
[50] 杨兴凯，朱丹．基于 SWOT 的大连软件和信息服务业发展战略研究[J]．大连理工大学学报（社会科学版），2012，33（3）：63-68.
[51] 徐丽梅，王贻志．基于 SWOT 分析的上海信息服务业发展策略研究[J]．图书情报工作，2009，53（4）：91-95.
[52] 任道忠，张玉赋，孙斌．现代信息服务业的国内外比较和对策研究[J]．理论与探索，2006，29（1）：52-56.
[53] 周应萍．陕西省信息服务业的发展研究[J]．图书情报工作，2004，48（9）：56-59.
[54] 耿雪凤．加快西安市现代信息服务业发展研究[J]．科技管理研究，2012，32（10）：189-192.
[55] 陕西省人民政府办公厅．李金柱副省长在全省信息产业大会上的讲话[EB/OL]．（2015-12-30）[2016-03-08]．http://www.shaanxi.gov.cn/0/103/10253.htm.
[56] 沈谦．陕西省信息化水平列西部第一[EB/OL]．（2016-02-10）[2016-05-02]．http://www.sxdaily.com.cn/n/2016/0210/c266-5351971.html.
[57] 陕西省工业和信息化厅．陕西与全国有关省市（区）信息化发展指数对比分析[EB/OL]．（2013-01-11）[2014-03-10]．http://www.sxgxt.gov.cn/0/1/11/60/18093.htm.
[58] 陕西省统计局．2013 年陕西省国民经济和社会发展统计公报[EB/OL]．（2014-03-13）[2014-04-18]．http://knews.shaanxi.gov.cn/0/1/65/365/369/169890.htm.
[59] 工控中国．全球发展大势 促进 14 年中国信息服务业高速发展[EB/OL]．（2014-01-16）[2014-05-16]．http://www.gkzhan.com/news/Detail/39767.html.
[60] 国务院．关于促进信息消费扩大内需的若干意见[EB/OL]．（2013-08-15）[2014-08-16]．http://www.js.xinhuanet.com/2013-08/15/c_116951133.htm.
[61] 张然．“丝绸之路”申遗成功 揭 6 国联合申遗调整为 3 国[EB/OL]．（2014-06-23）[2014-06-25]．http://culture.people.com.cn/n/2014/0623/c22219-25184214.html.
[62] 董碧娟．我国创新能力稳步上升[EB/OL]．（2014-04-01）[2014-06-19].http://www.ce.cn/xwzx/gnsz/gdxw/201404/01/t20140401_2578715.shtml.
[63] 佘惠敏．《中国企业创新能力评价报告 2016》显示：我国企业总体创新能力稳步增长[EB/OL]．（2017-08-19）[2017-08-20]. http://paper.ce.cn/jjrb/html/2017/08/19/content_342038.htm.
[64] 陕西省工业和信息化厅．陕西省电子政务公共平台的顶层设计与机制保障[J]．电子政务，2013，8（128）：12-24.
[65] 陕西省工业和信息化厅．全省信息产业工作会议在西安召开[EB/OL]．（2014-01-02）[2014-06-27]．http://www.shaanxi.gov.cn/sxxw/bm/39721.htm.
[66] 陕西省知识产权局．陕西省知识产权保护状况新闻发布会召开[EB/OL]．（2014-04-20）[2014-06-27]．http://www.sipo.gov.cn/dtxx/gn/2014/201404/t20140423_937260.html.
[67] 周大铭．云计算变革用户信息消费模式[J]．软件和信息服务，2014，2：16.
[68] 新华社．国务院印发关于促进信息消费扩大内需的若干意见[EB/OL]．（2013-08-14）[2014-03-24]．http:news.xinhuanet.com/politics/2013-08/14/c-116945851.htm.
[69] 丝路国际智库网络．“丝路国际智库网络”成立宣言[N]．光明日报，2015-11-04（16）.

[70] 王卷乐，等. 关于制定“‘丝绸之路经济带’国际智库网络与协同平台科技支撑计划”的思考[J]. 中国科学院院刊，2015，1：46-52.
[71] 陕西省信息化领导小组. “数字陕西·智慧城市”发展纲要（2013～2017 年）[EB/OL].（2013-07-04）[2013-07-05]. http://www.shaanxi.gov.cn/0/xxgk/1/2/10/336/528/542/561/30778.htm.
[72] 姜江. 促进新兴产业商业模式创新[J]. 宏观经济研究，2014，8：31-33.
[73] 童心，于丽英. 基于商业生态系统的技术创新与商业模式创新耦合机制研究[J]. 科技进步与对策，2014，12：17-22.
[74] 陕西省统计局. 2015 年陕西省国民经济和社会发展统计公报[EB/OL].（2016-03-21）[2016-03-22]. http://www.sei.gov.cn/ShowArticle.asp?ArticleID=262054.
[75] 中商情报网. 陕西 2015 年 1～7 月服务业发展情况简析[EB/OL].（2015-09-22）[2016-01-10]. http://www.askci.com/news/finance/2015/ 09/22/10955nxfr.shtml.
[76] 陕西省工业和信息化厅. 2014 年全年陕西软件及服务外包产业经济运行情况[EB/OL].（2014-09-20）[2015-10-11]. http://www.sxgxt.gov.cn/0/1/2/262/20318.htm.
[77] 由庆斌，汤珊红. 移动技术在科技信息服务中的应用分析[J]. 情报理论与实践，2014，37（2）：81-84.
[78] 魏珊，操志利. 中国信息化现状和合理推进[J]. 武汉大学学报（哲学社会科学版），2014，67（3）：93-98.
[79] 袁丽君，高志刚. 依托“跨国丝绸之路”加强区域经济合作[J]. 开发研究，2014，1：55-58.
[80] 程炜博. 中国碳交易服务平台现存问题及应对策略[J]. 社会科学战线，2014，6：58-60.
[81] 郭新茹，韩顺法，李丽娜. 基于双边市场理论的众筹平台竞争行为及策略[J]. 江西社会科学，2014，7：79-84.
[82] 孟韬，张黎明，董大海. 众筹的发展及其商业模式研究[J]. 管理现代化，2014，2：50-53.
[83] 孙亚辉. 丝绸之路的价值弘扬与文化旅游的开发及优化[J]. 社会科学家，2014，5：98-101.
[84] 罗剑宏，杨茹. 智慧旅游对旅游消费者行为的影响机制研究[J]. 青海社会科学，2014，5：75-80.
[85] 陕西省科技厅. 关于印发《省科技厅推广西安光机所、西北有色院科技创新模式工作方案》的通知[EB/OL].（2014-12-11）[2014-12-12]. http://www.sjyxy.com/infodisp.asp?id=3513.
[86] 李关云. 北京 APEC 会议两大突破：正式启动亚太自贸区进程 联合制定互联互通蓝图[EB/OL].（2014-11-12）[2014-11-13]. http://jingji.21cbh.com/2014/11-12/3MMDA2NTFfMTMzODA3MA.html.
[87] 褚浩. 东盟积极推进互联互通 [EB/OL].（2012-06-19）[2012-12-10]. http://www.people.com.cn/h/2012/0619/c25408-1333331899.html.
[88] 赵珊. 中国-东盟积极构建互联互通[EB/OL].（2011-08-29）[2012-11-11]. http://paper.people.com.cn/rmrbhwb/html/2011-08/29/content_909773.htm?div=-1.
[89] 张朔. 习近平主持加强互联互通伙伴关系对话会并发表重要讲话[EB/OL].（2014-11-09）[2014-12-04]. http://paper.people.com.cn/rmrb/html/2014-11/09/nw.D110000renmrb_20141109_2-01.htm.
[90] 中共中央办公厅. 中共中央关于深化文化体制改革推动社会主义文化大发展大繁荣若干重大问题的决定[EB/OL].（2011-10-25）[2012-11-11]. http://theory.people.com.cn/GB/16018030.html.
[91] 胡锦涛. 在印尼雅加达亚非峰会上的讲话[N]. 人民日报，2005-04-22（1）.
[92] 胡锦涛. 努力建设持久和平、共同繁荣的和谐世界[N]. 人民日报，2005-09-16（1）.
[93] 温家宝. 尊重不同文明，共建和谐世界[N]. 人民日报，2005-12-06（3）.
[94] 冯友兰. 中国现代哲学史[M]. 广州：广东人民出版社，1999：253-254.
[95] 南怀瑾. 论语别裁[M]. 上海：复旦大学出版社，2010：539.
[96] JASON. Infrastructure fuels growth in BRIC countries [EB/OL].（2012-11-04）[2014-12-10]. http://www.globalsherpa.org/author/jason.
[97] 张立伟. 亚洲基础设施投资银行推动亚洲共赢 新兴市场国家自己的金融组织[EB/OL].（2014-10-24）[2014-12-10]. http://epaper.21cbh.com/html/2014-10/24/content_114136.htm?div=-1.
[98] 李艳. 中亚货运班列成“丝路经济带”黄金干线[EB/OL].（2014-12-15）[2014-1-10]. http://www.shaanxi.gov.cn/0/1/9/39/185533.htm.
[99] 梁锦. 12.4 亿元水泥企业投资带动铜川建材业走向中亚[EB/OL].（2014-05-25）[2014-12-10]. http://sn.people.com.cn/n/2014/0525/c226647-21279213.html.
[100] 马克斯·韦伯. 比较宗教学[M]. 简惠美，译. 桂林：广西师范大学出版社，2004：477.
[101] 何茂春，张冀后. 新丝绸之路经济带的国家战略分析：中国的历史机遇、潜在挑战与应对策略[J]. 人民论坛·学术前沿，2013，23：6-13.

[102] 丁俊．“中庸之道”与“真忠正道”：中华文化与伊斯兰文化中的和谐之道[J]．西北民族研究，2014，80（1）：154-164.
[103] 郑栋，霍强，杨凌．为丝绸之路经济带现代农业破题[EB/OL]．（2014-11-04）[2014-12-10]．http://www.shaanxi.gov.cn/0/1/9/42/183803.htm.
[104] 王向华．“一带一路”的陕西角色[EB/OL]．(2014-12-29) [2015-01-04]．http://www.shaanxi.gov.cn/0/1/9/39/186703.htm.
[105] 刁炜．诺奖得主施蒂格利茨：中国世纪从 2015 年开始[EB/OL]．（2014-12-21）[2015-01-04]．http://column.cankaoxiaoxi.com/g/2014/1221/604637.shtml.
[106] 王保忠，何炼成，李忠民．“新丝绸之路经济带”一体化战略路径与实施对策[J]．经济纵横，2013，11：60-65.
[107] 党宇婷．陕西省委书记赵正永谈抢抓“一带一路”机遇 先行先试打造丝路新起点[EB/OL]．(2014-12-05)[2015-01-05]．http://finance.people.com.cn/n/2014/1205/c1004-26151433.htm.
[108] 赵正勇．努力打造丝绸之路经济带新起点[N]．人民日报，2014-09-09（12）.
[109] 王晓阳，易雅晨．“丝绸之路经济带建设千人培训计划”项目签约[EB/OL]．（2014-11-11）[2014-12-10]．http://www.shaanxi.gov.cn/0/1/9/39/184362.htm.
[110] 魏建军．丝绸之路经济带清真食品企业合作交流会在西安举行[EB/OL]．(2014-05-26) [2014-12-10]．ttp://www.shaanxi.gov.cn/0/xxgk/1/2/4/484/1895/1904/1915/38859.htm.
[111] 郑昊．互联共通：陕西特色绽放中亚[EB/OL]．（2014-11-13）[2014-12-10]．http://www.shaanxi.gov.cn/0/xxgk/1/2/4/484/1895/1904/1915/42799.
[112] TOLIPOV F. What does it mean for Uzbeksitan and China to be strategic parterners?[J]. Central Asia-Caucasus analyst，2013，15（22）：4.
[113] 徐海燕．丝绸之路视域下中哈合作的机遇与挑战：以哈萨克斯坦国家战略规划为视角[J]．学术探索，2016，3：18-25.
[114] 胡健，焦兵，刘倩倩．“丝绸之路经济带”战略下的中国与中亚国家能源合作现状与发展前景[J]．人文杂志，2017，1：29-36.
[115] 张然．中哈双边贸易结构分析[J]．合作经济与科技，2017，1：75-76.
[116] SPEHRS, KASSENOVA N. Kazakhstan: constructing identity in a post-soviet society[J]. Asian ethnicity，2012，13（2）：137.
[117] 郑昕．西安将成中国至哈萨克斯坦国际货运集散地[J]．大陆桥视野，2014，4：18.
[118] 郑飞，唐振江．“丝路”专列“长安号”满载而归[J]．陕西画报，2016，2：76-77.
[119] 张艺皎．加强中哈合作，期待人心相通：访哈萨克斯坦前总理捷列先科[EB/OL]．(2015-06-30) [2016-01-04]．http://esb.sxdaily.com.cn/sxrb/20150630/html/page_13_content_002.htm.
[120] 穆沙江・努热吉，方创琳，何伦志．丝绸之路经济带中国—哈萨克斯坦国际合作示范区经贸合作重点与模式选择[J]．干旱区地理，2016，5：979-986.
[121] 周龙．哈萨克斯坦有个“陕西村”[EB/OL]．(2014-08-07) [2016-12-10]．http://world.people.com.cn/n/2014/0807/c157278-25417982.html.
[122] 张宝通．丝绸之路沿线省区和国家发展定位分析：基于丝绸之路万里行实地考察视角[J]．西安财经学院学报，2015，1：78-82.
[123] 王烨．来华中亚留学生现状及管理对策：以西安市哈萨克斯坦留学生为例[J]．宜春学院学报，2016，8：122-125.
[124] 杨一苗．中亚留学生青睐中国古都西安[J]．中亚信息，2014，5：25.